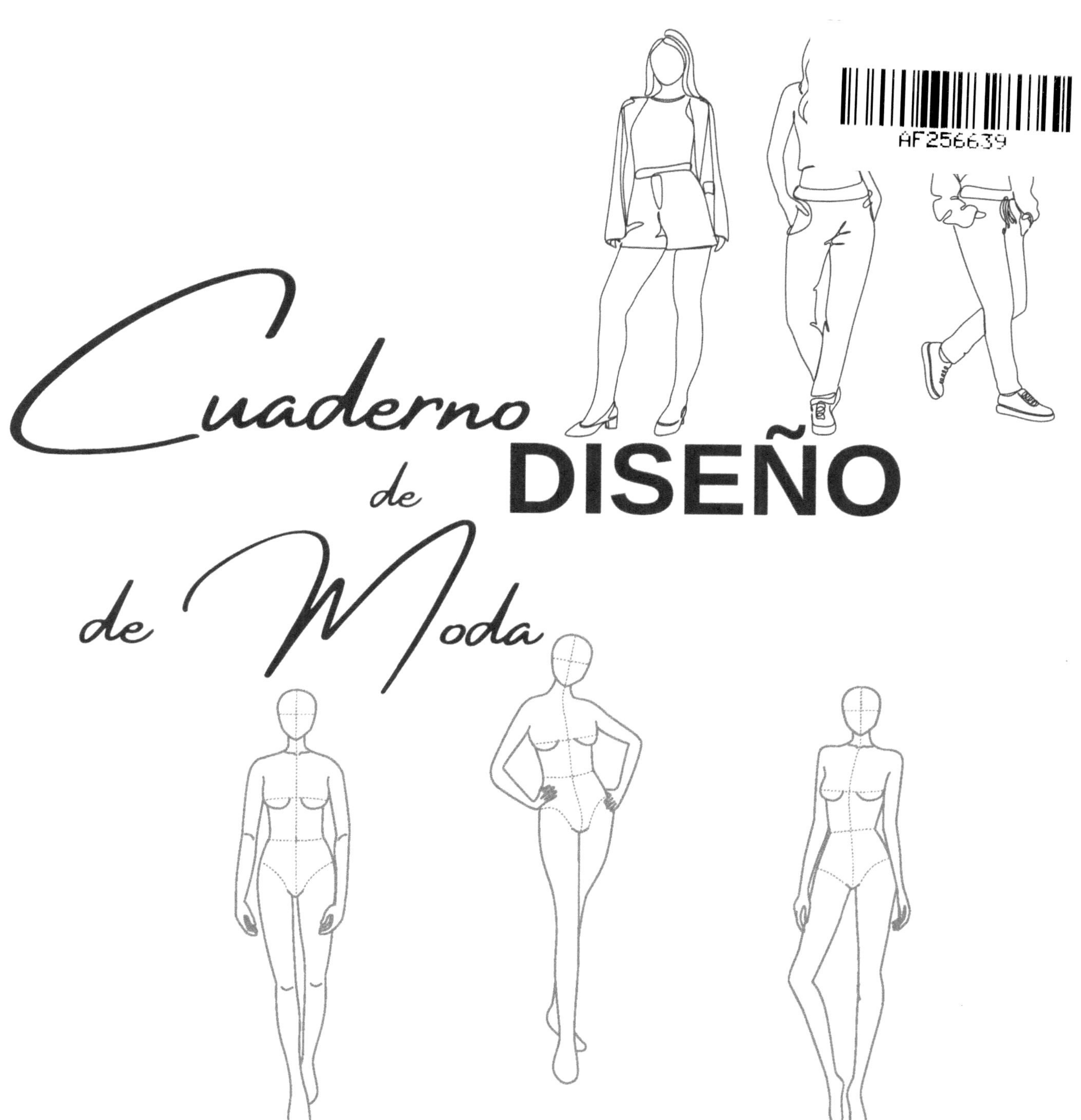

Cuaderno de DISEÑO

de Moda

PLANTILLAS DE FIGURAS FEMENINAS

De Principiante a Avanzado

Niky Jadesson

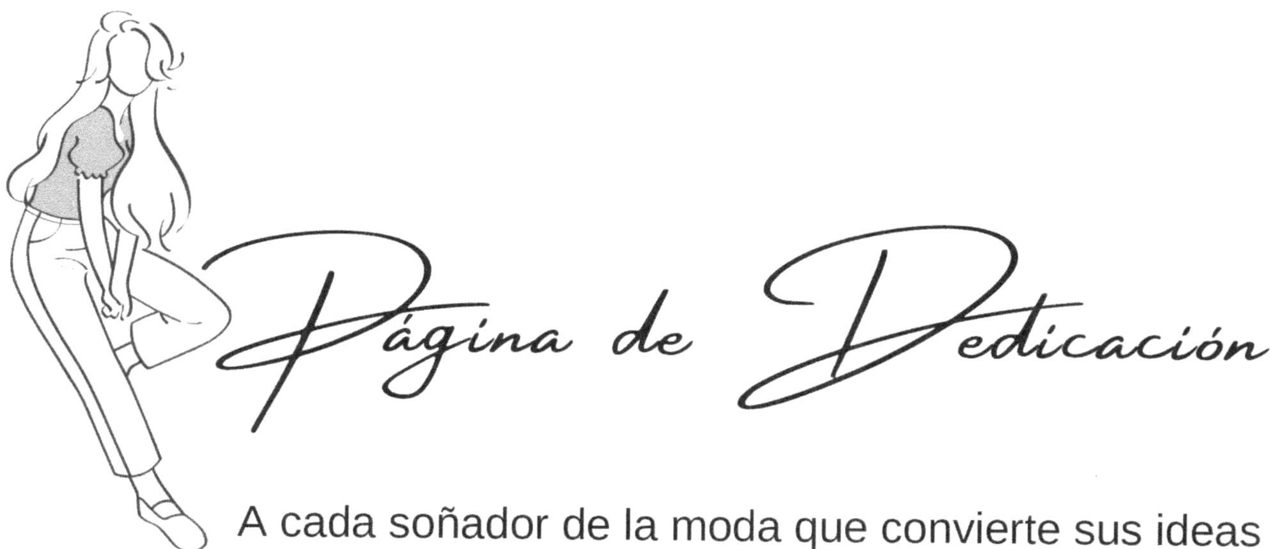

Página de Dedicación

A cada soñador de la moda que convierte sus ideas en realidad mediante el dibujo,

Este libro fue creado para ti —para explorar, practicar y diseñar con libertad.

Que cada página estimule tu creatividad, dé forma a tus habilidades y te recuerde que cada línea que dibujas acerca tu visión a la vida.

Y a los mentores, amigos y seres queridos que inspiran este camino —gracias por ser parte de este arte.

Con amor y pasión,

Niky Jadesson

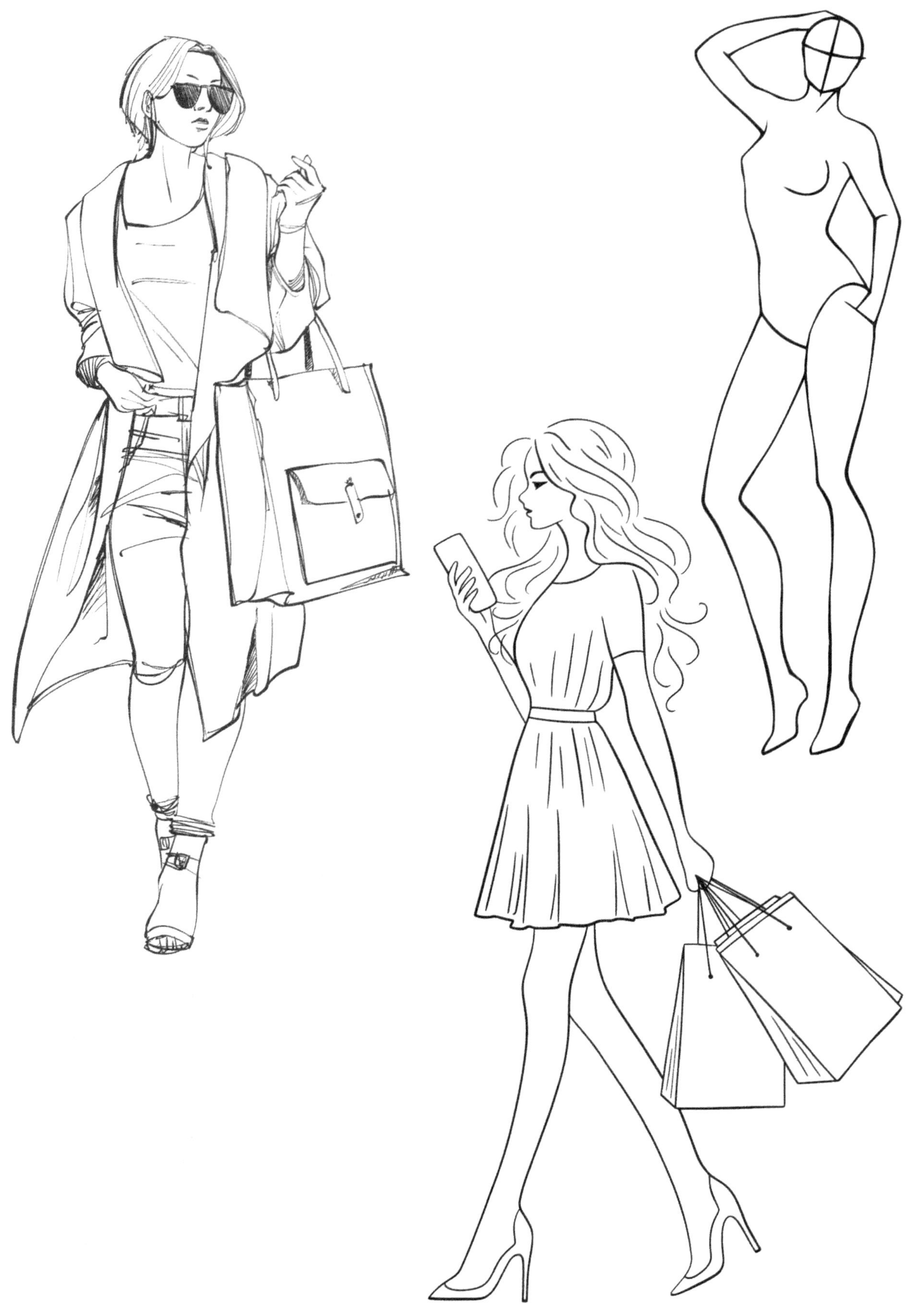

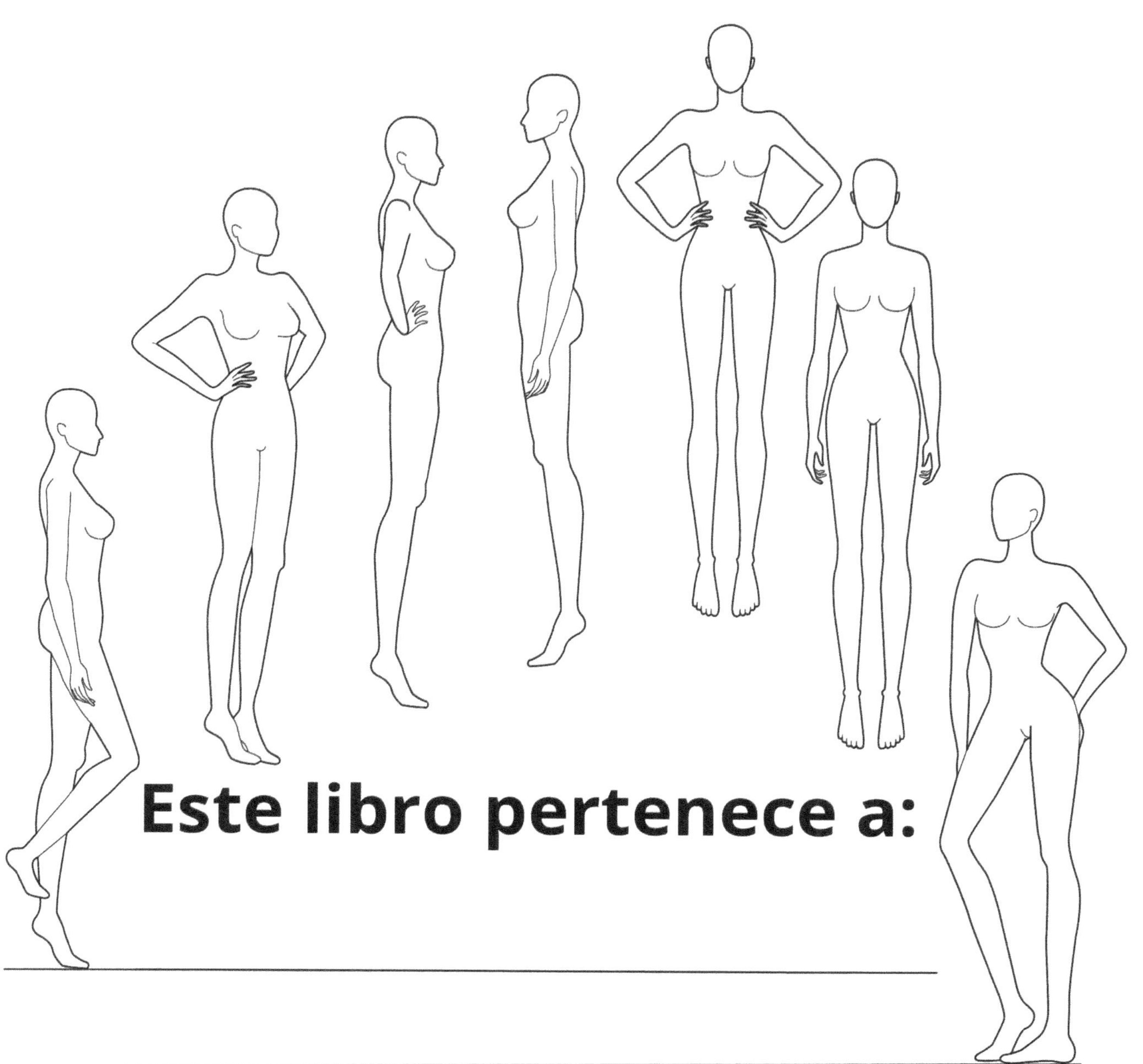

Este libro pertenece a:

(tu nombre)

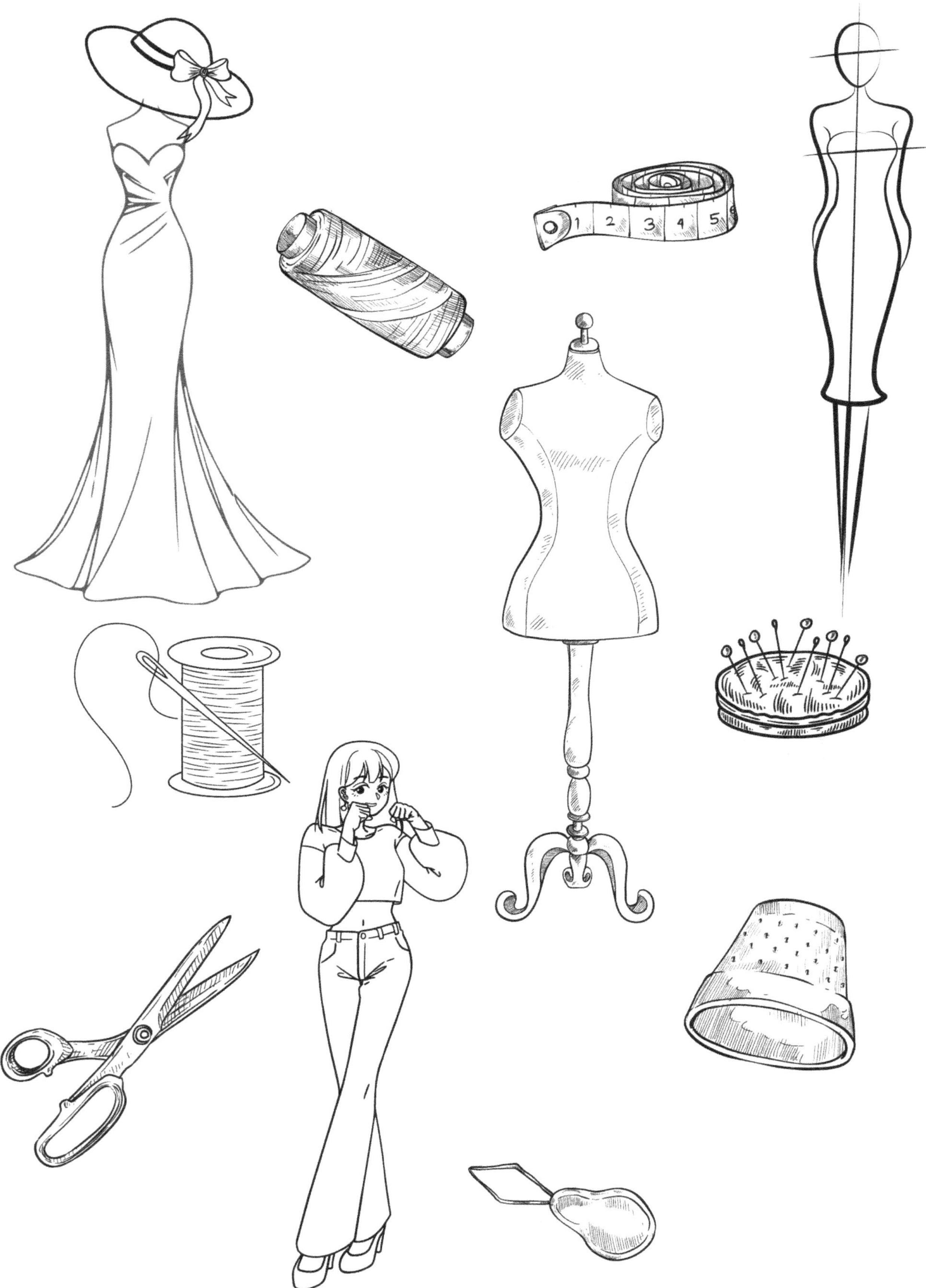

0 1 2 3 4 5

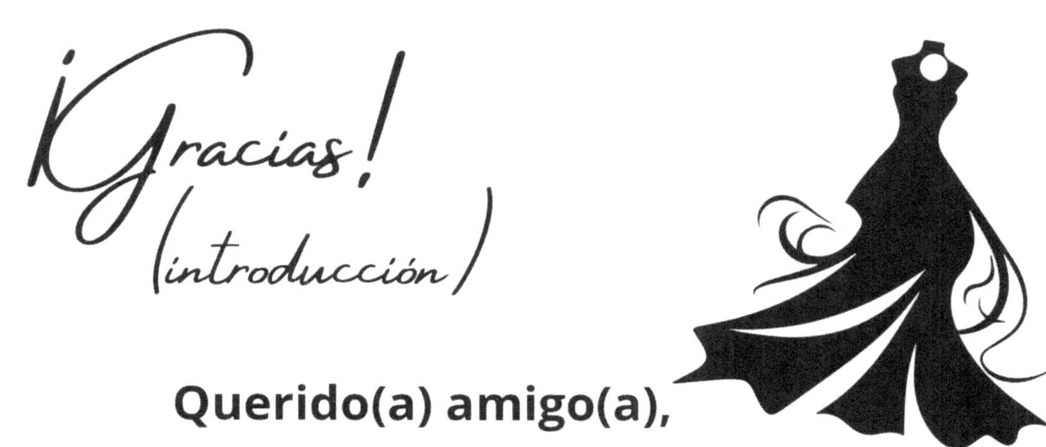

¡Gracias!
(introducción)

Querido(a) amigo(a),

¡Muchas gracias por elegir este cuaderno de dibujo!

Espero que te inspire a dibujar, experimentar y disfrutar del arte del diseño de moda. Cada página es una invitación para dar vida a tus ideas creativas.

Si deseas mantenerte al tanto de futuros libros o compartir tus comentarios, me encantaría saber de ti. Solo busca **"Niky Jadesson Books"** en línea.

Tu apoyo significa el mundo. Si este libro te resulta útil, dejar una breve reseña ayuda a que otros lectores lo descubran y apoya la publicación independiente.

Con gratitud,

Niky Jadesson

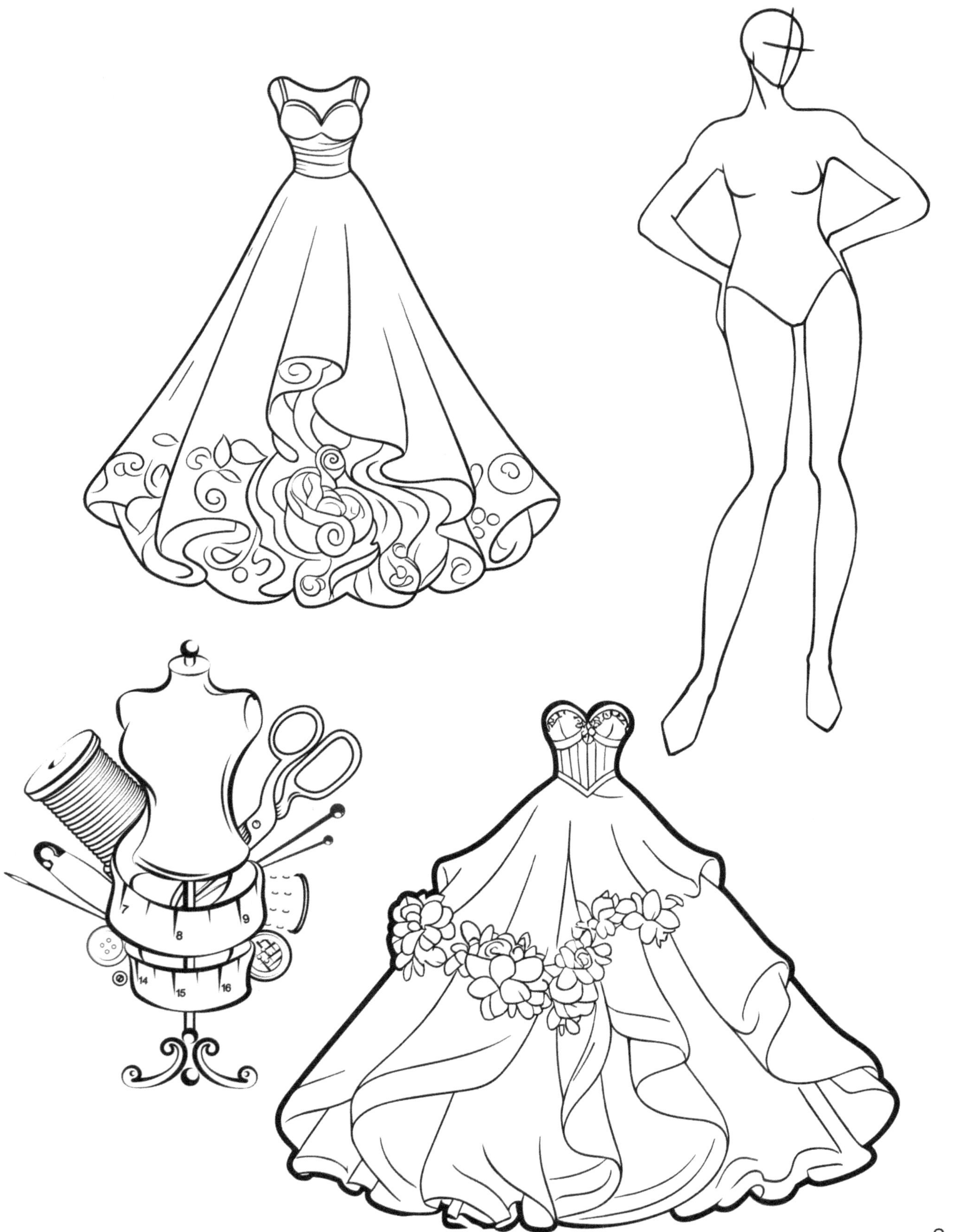

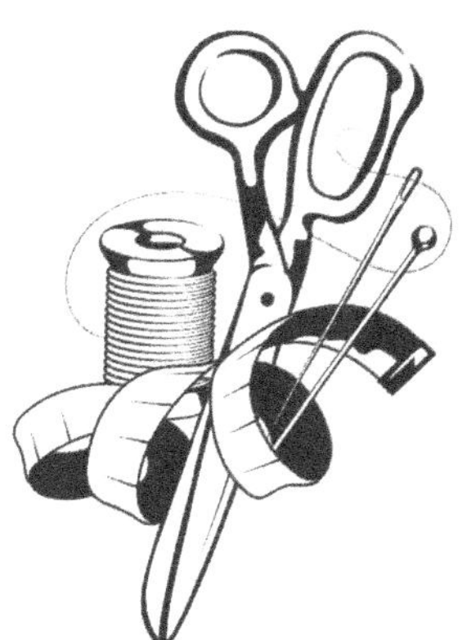
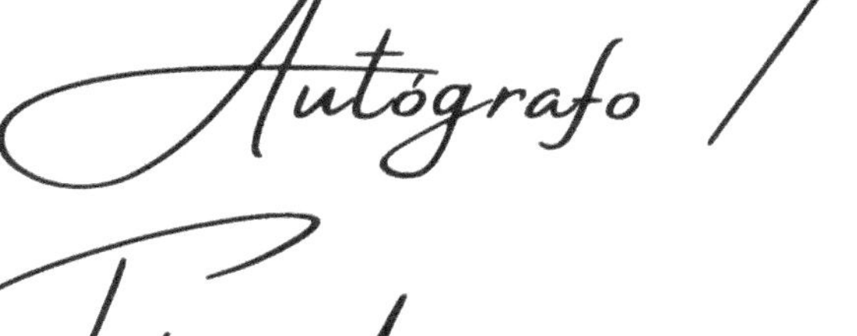

Querido(a) ___________________________,

Este cuaderno es para ti —para diseñar, crear y celebrar tu visión única.

 Que te recuerde que cada línea que dibujas es un paso hacia el dominio de tu arte.

Con todo mi corazón,

____

(Firma)

Fecha: _______________

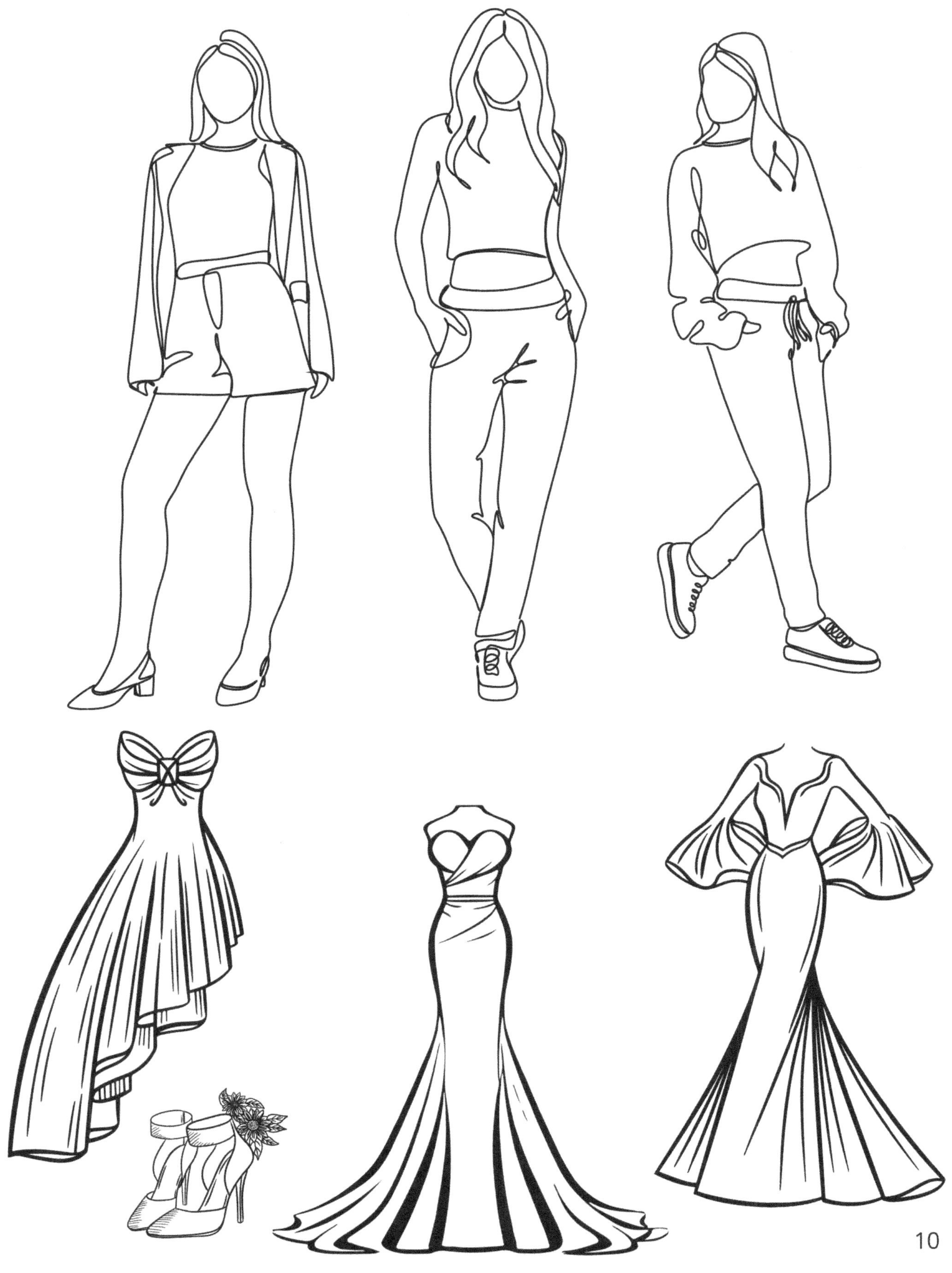

Tabla de Contenidos

Parte I - Páginas Introductorias

1. Página de Título 1
2. Página de Derechos de Autor 2
3. Página de Dedicación 3
4. Páginas para Colorear (Insertos Creativos de Bonificación)........................... 4, 6, 8, 10, 14, 16, 34, 144, 146
5. Este libro pertenece a 5
6. ¡Gracias! (Mensaje de Introducción) 7
7. Autógrafo / Firmado con Cariño 9
8. Tabla de Contenidos 11-12
9. ¡Bienvenido(a)! 13
10. Prefacio de la Autora 15
11. Cómo Usar Este Cuaderno de Dibujo 17
12. Mis Objetivos e Inspiraciones 18
13. Herramientas y Materiales para el Dibujo de Moda 19
14. Consejos para Empezar 20

Parte II - Educación y Fundamentos 21
15. Breve Historia de la Moda Femenina - De las Eras Clásicas a los Estilos Modernos 22
16. Siluetas Femeninas a Través del Tiempo - Reloj de Arena, Línea A, Imperio, Bodycon 23
17. Teoría del Color en la Moda Femenina - Combinaciones, Contrastes y Paletas Estacionales 24
18. Tejidos y Texturas en la Ropa Femenina - Encaje, Satén, Denim, Tweed 25
19. Herramientas para el Dibujo de Moda - Lápices, Rotuladores, Opciones Digitales 26
20. Paso a Paso: Atuendo Casual de Día (Vestido, Falda, Blusa) 27
21. Paso a Paso: Look de Noche y Glamour (Vestidos de Cóctel y de Gala) 28
22. Errores Comunes en el Diseño de Moda Femenina (y Cómo Evitarlos) 29
23. Consejos y Trucos para Diseñadoras de Moda 30
24. Guía Paso a Paso de Este Cuaderno 31

Tabla de Contenidos

25. Fundamentos del Dibujo de Moda: Paso a Paso 32

26. Look de Moda Diario, Fácil y Rápido 33

Parte III - Cuaderno de Práctica y Ejercicios 35

27. Guía de Práctica de Moda y Notas.. 36, 44, 51, 58, 65, 72, 80, 87, 94, 101, 108, 116

28. Inspiración de Atuendos: Estilo Urbano (Streetwear) 37, 45, 52, 59, 66, 73, 81, 88, 95, 102, 109, 117

29. Plantillas del Cuerpo - Siluetas Femeninas (Vista Frontal, Posterior y Lateral) 38-41, 46-48, 53-55, 60-62, 67-69, 74-77, 82-84, 89-91, 96-98, 103-105, 110-113, 118-120, 123-130

30. Tus Notas y Fotos de Inspiración.. 42, 49, 56, 63, 70, 78, 85, 92, 99, 106, 114, 121

31. Inspiración de Atuendos: Estilo Oficina y Glamour de Pasarela 43, 50, 57, 64, 71, 79, 86, 93, 100, 107, 115, 122

★ **Nota**: Las Plantillas del Cuerpo - Siluetas Femeninas y las páginas de práctica se repiten intencionalmente en varios conjuntos para favorecer el aprendizaje estructurado, la creatividad progresiva y la variedad en el diseño.

Parte IV - Cierre y Extras 131

32. Plantillas del Cuerpo - Siluetas Femeninas (Vista Frontal, Posterior y Lateral)..132

33. Ejercicios Creativos 133-140

34. Lista de Verificación para Diseñadores de Moda 141

35. Mis Telas y Marcas Favoritas - Espacio para Notas 142

36. Mi Diario Personal de Moda 143

37. ¡Felicidades! ¡Lo Lograste! 145

38. ¡Gracias! (mensaje final) 147

39. ¡Gracias por Elegir Este Libro! 148

40. Sobre la Autora 149

41. Glosario de Términos de Moda 150-151

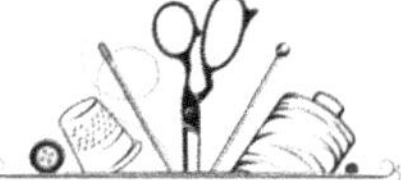

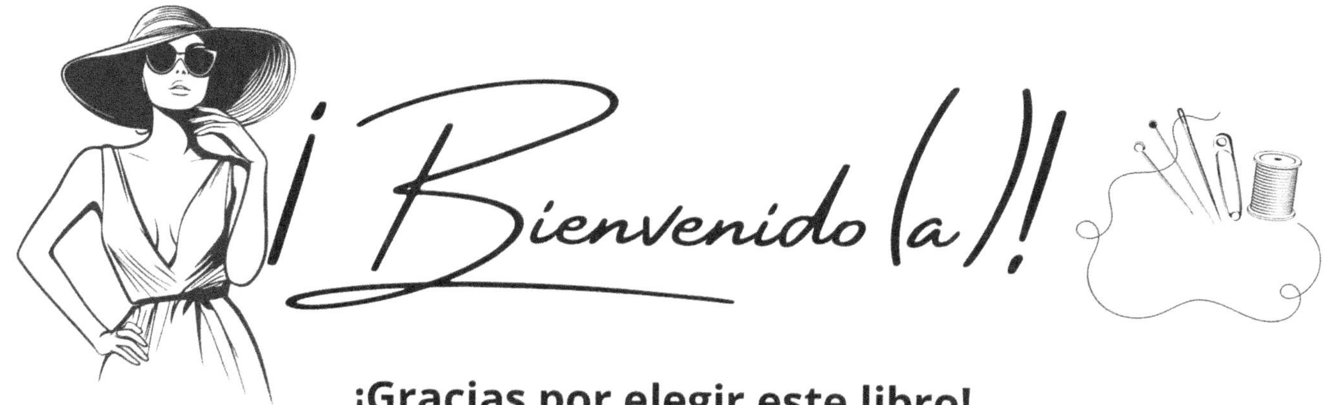

¡Bienvenido(a)!

¡Gracias por elegir este libro!

La moda es más que ropa y tendencias: es un lenguaje de autoexpresión. Cada boceto cuenta una historia y cada diseño refleja una visión de quiénes somos o de quiénes queremos llegar a ser.

Este cuaderno ha sido creado para ayudarte a explorar, experimentar y perfeccionar tus habilidades mientras das vida a tus ideas de moda.

Tómate tu tiempo, prueba diferentes siluetas, tejidos y estilos, y lo más importante: disfruta del proceso.

Tanto si eres principiante y acabas de empezar a dibujar, como si ya estás en tu camino creativo, este es tu espacio para crecer y brillar.

Nos sentimos honrados de formar parte de tu viaje.

¡Felices diseños!

Niky Jadesson

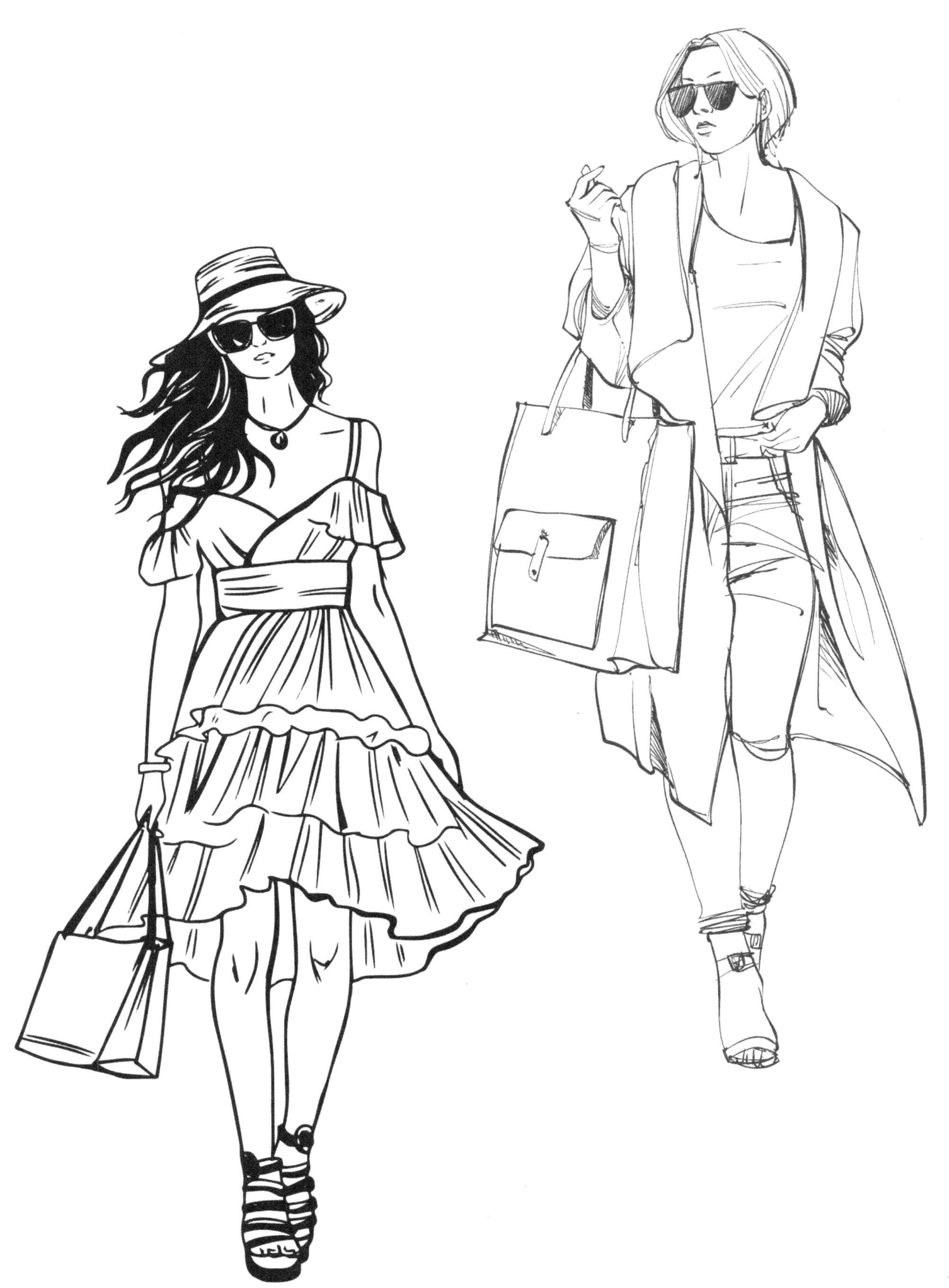

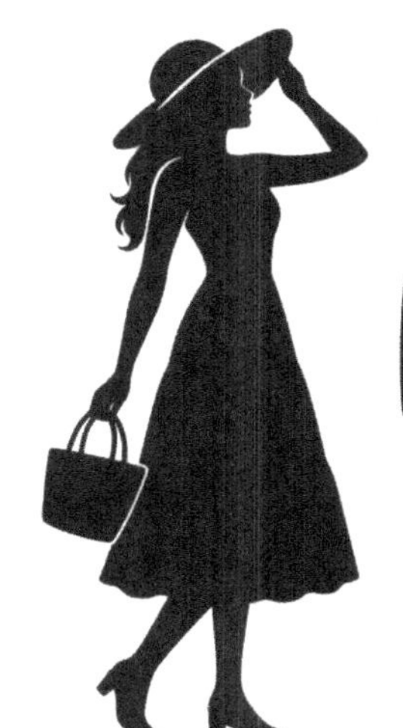

Prefacio de la Autora

Querido lector:

Bienvenido a este viaje creativo al mundo del diseño de moda.

Este libro fue escrito con un solo propósito: ofrecerte un espacio donde el aprendizaje se une con la práctica, y donde cada página pueda encender una nueva inspiración.

En su interior encontrarás tanto orientación como libertad.
Orientación, a través de explicaciones sobre los fundamentos de la moda, las siluetas, los tejidos y los consejos profesionales.

Libertad, mediante las plantillas de figuras, las inspiraciones de atuendos y las páginas de práctica, donde tu imaginación no tiene límites.

La moda es algo personal. Se trata de identidad, creatividad y confianza.
Espero que estas páginas te inspiren a experimentar, disfrutar del proceso y ver la moda como la verdadera forma de arte que es.

Con pasión y gratitud,
Niky Jadesson

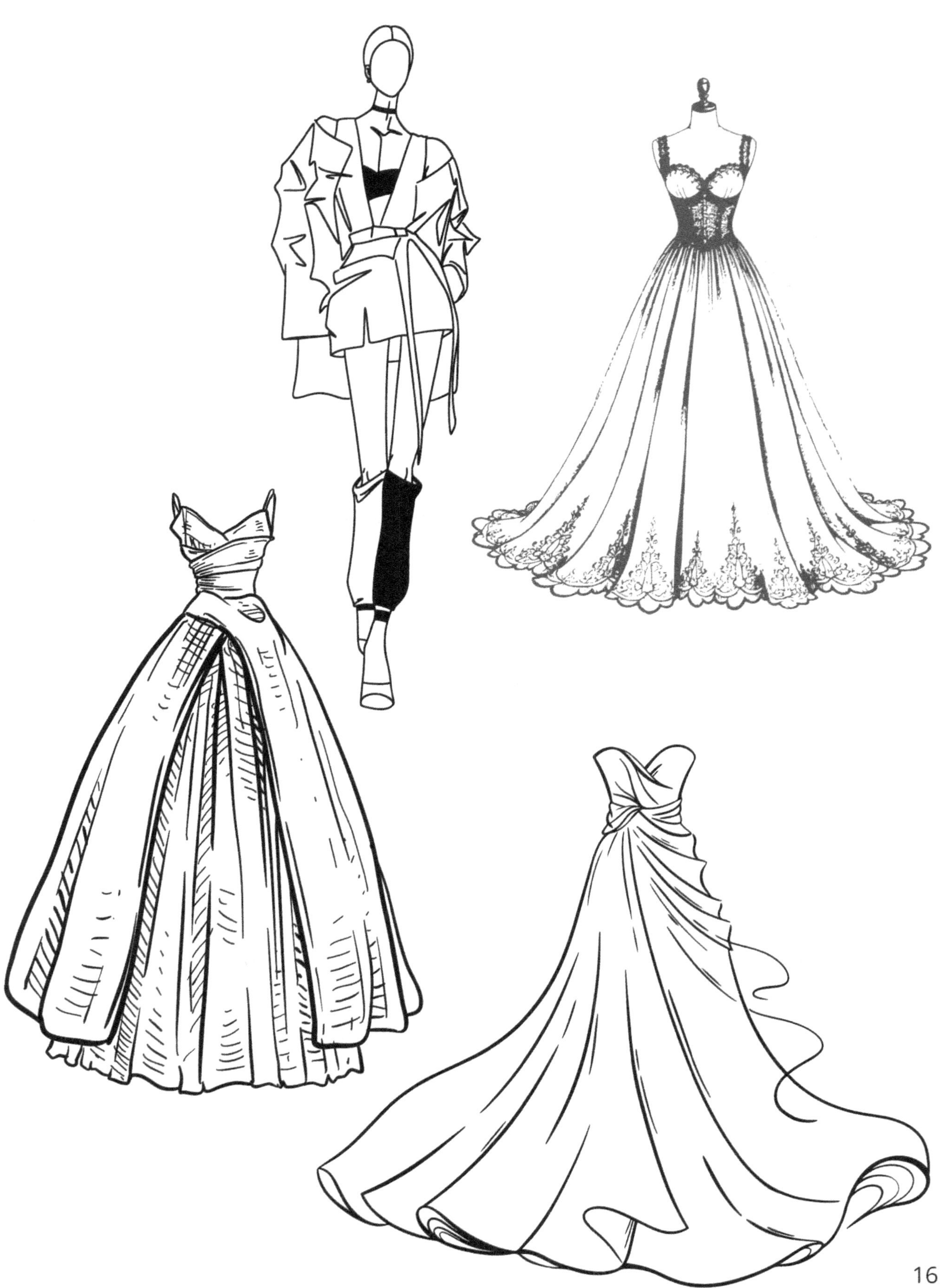

Cómo Usar Este Cuaderno de Dibujo

Este cuaderno está concebido para ser tanto práctico como creativo.

Te ofrece espacio para explorar ideas de atuendos, practicar técnicas de dibujo y reflexionar sobre tu estilo personal.

Aquí tienes algunos consejos para aprovecharlo al máximo:
- **Experimenta Libremente** - Prueba diferentes siluetas, paletas de colores y tejidos.
- **Toma Notas** - Usa las páginas de guía práctica para escribir tus ideas, inspiraciones o elecciones de materiales.
- **Practica con las Plantillas** - Las figuras del cuerpo están diseñadas para ayudarte a visualizar atuendos antes de convertirlos en prendas reales.
- **Compara y Mejora** - Utiliza las páginas de fotos o inspiración para adjuntar referencias y observar cómo evolucionan tus bocetos.
- **Repite y Perfecciona** - No dudes en volver a dibujar la misma idea con pequeños cambios. El crecimiento llega con la repetición.

Tanto si eres principiante y estás aprendiendo paso a paso, como si ya eres diseñadora y estás puliendo tus habilidades, este cuaderno es tu estudio creativo personal.

Mis Objetivos e Inspiraciones

El diseño de moda es más que dibujar ropa: se trata de expresar identidad, estilo de vida y emociones a través de lo que creamos.

Esta página es para que reflexiones sobre tu camino como diseñadora y anotes los objetivos que guían tu práctica.

Pregúntate:

- ¿Qué tipo de moda quiero diseñar? (ropa casual, alta costura, vestidos de noche, estilo urbano)
- ¿Quién me inspira más? (diseñadores, artistas, iconos o incluso personas cotidianas)
- ¿Qué emociones quiero que transmitan mis prendas? (confianza, elegancia, libertad, alegría)

Escríbelo aquí:

- Mis objetivos de diseño: ....
- Mis inspiraciones de estilo: ....
- Telas o colores que quiero explorar: ....
- Habilidades que quiero mejorar: ....

Consejo: Revisar tus objetivos cada pocos meses puede mostrarte cuánto ha evolucionado tu visión.

Herramientas y Materiales
para el Dibujo de Moda

Tener las herramientas adecuadas no significa tener materiales costosos, sino saber cómo usarlos.

Aquí tienes algunos elementos esenciales para el dibujo de moda, especialmente para la moda femenina:

- **Lápices y Herramientas de Sombreado** - HB para bocetos ligeros, 2B-6B para sombrear detalles como pliegues, volantes o frunces.
- **Rotuladores Finos** - Para contornos claros y para definir elementos como encajes o bordados.
- **Marcadores y Lápices de Colores** - Perfectos para representar tejidos: tonos pastel para gasa, marcadores metálicos para satén, tonos profundos para terciopelo.
- **Regla y Curvas** - Úsalas para líneas precisas en faldas, pantalones o corpiños ajustados.
- **Herramientas Digitales** - Tabletas y programas (Procreate, Photoshop, Illustrator) para diseños limpios y profesionales.
- **Muestras de Tejidos** - Tocar telas reales te ayuda a comprender la textura y la caída.

***Recuerda**: no se trata del precio de la herramienta, sino de cómo la usas para contar tu historia.*

Consejos
para Empezar

Empezar puede parecer abrumador, pero el secreto está en la constancia.

Aquí tienes algunos consejos prácticos:

- **Empieza Simple** - Concéntrate en vestidos, blusas y faldas antes de pasar a atuendos con más capas.
- **Observa y Analiza** - Estudia cómo se ajustan las prendas reales al cuerpo femenino: cómo un vestido se adapta a la silueta o cómo una blusa cae sobre los hombros.
- **Practica Siluetas** - Trabaja con diferentes tipos de cuerpo: reloj de arena, línea A, imperio, bodycon.
- **Experimenta con Colores** - Prueba paletas contrastantes, tonos de temporada o incluso diseños monocromáticos.
- **No Persigas la Perfección** - Los primeros bocetos tratan de libertad, no de perfección.

Cada diseñadora exitosa comenzó con bocetos imperfectos. El progreso llega mostrando tu trabajo cada día, no esperando el diseño "perfecto".

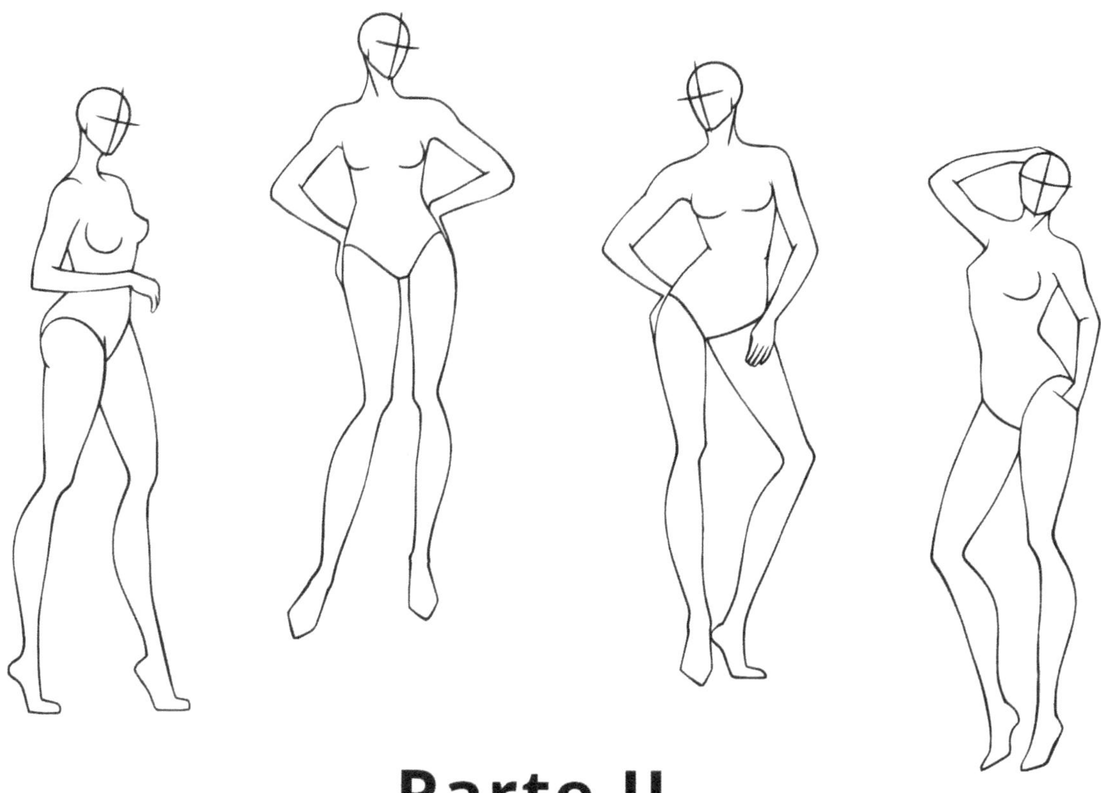

Parte II
- *Educación y Fundamentos*

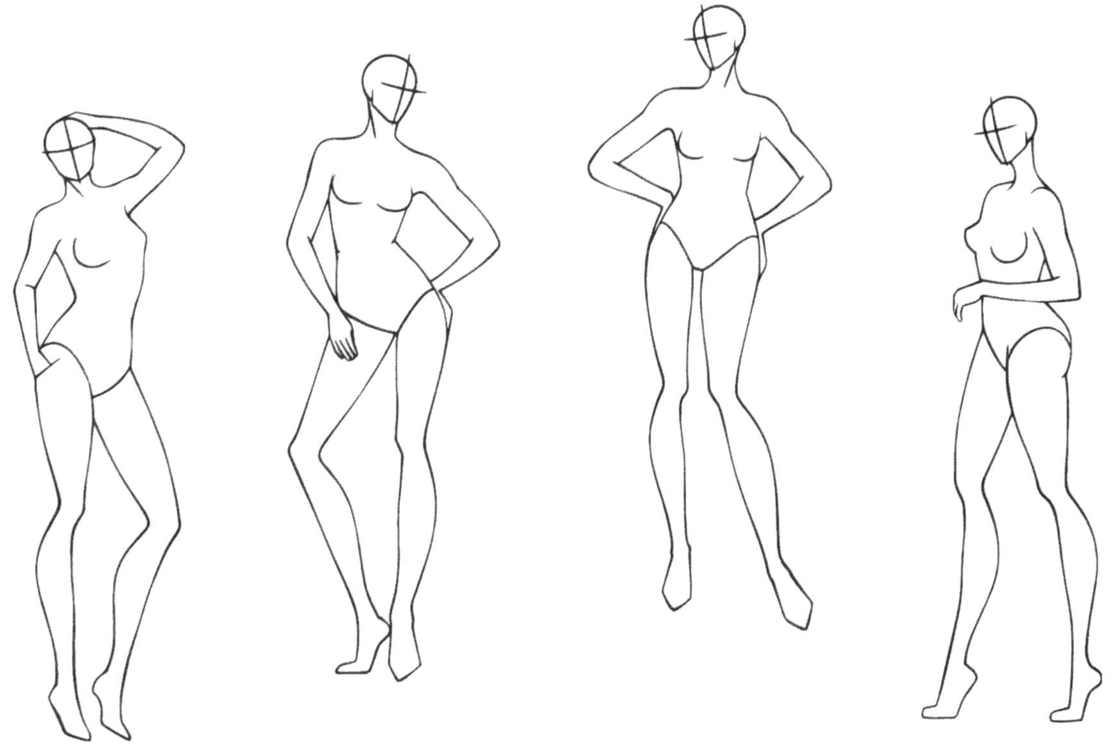

Breve Historia de la Moda Femenina
- De las Eras Clásicas a los Estilos Modernos

La moda siempre ha reflejado la cultura y la identidad. La moda femenina, en particular, ha cambiado junto con los valores sociales, los nuevos materiales y el papel de la mujer a lo largo de la historia.

- **Civilizaciones Antiguas** - Las mujeres llevaban prendas sueltas hechas de lino o lana, a menudo drapeadas alrededor del cuerpo. Las joyas y los cinturones añadían individualidad. La ropa era práctica, pero también elegante.
- **Eras Medieval y Renacentista** - Los vestidos se volvieron más estructurados y con varias capas, mostrando estatus y riqueza. Tejidos como el terciopelo y el brocado estaban reservados a las clases altas, mientras que los bordados detallados convertían la ropa en arte.
- **Siglos XVIII y XIX** - Las siluetas variaban enormemente: desde las faldas amplias del Rococó hasta las cinturas ajustadas y los polisones del periodo victoriano. La moda enfatizaba la modestia y el rango social.
- **Siglo XX** - El cambio rápido definió la época. Las primeras décadas introdujeron vestidos más simples, mientras que la moda de mediados de siglo celebró la feminidad con cinturas definidas y faldas amplias. Las décadas posteriores abrazaron la individualidad, las formas audaces y los tejidos modernos.
- **Actualidad** - La moda femenina celebra la diversidad. Los estilos van desde looks minimalistas para el día a día hasta diseños experimentales de vanguardia. La comodidad, la sostenibilidad y la inclusión son tan importantes como la elegancia.

Cada era de la moda cuenta una historia. Ahora es tu turno de dar forma a la próxima a través de tus bocetos.

Siluetas Femeninas a Través del Tiempo
- *Reloj de Arena, Línea A, Imperio, Bodycon*

La silueta es la base de todo diseño: define la forma, la proporción y la primera impresión.

- **Reloj de Arena** - Cintura estrecha con busto y caderas equilibrados. Clásica, femenina y versátil.
- **Línea A** - Ajustada en la parte superior, ensanchándose gradualmente hacia el dobladillo. Cómoda y favorecedora para muchos tipos de cuerpo.
- **Corte Imperio** - Cintura alta bajo el busto con falda fluida. Aporta elegancia y alarga la figura.
- **Bodycon** - Diseños ajustados que resaltan las curvas naturales, normalmente confeccionados con tejidos elásticos.

Las siluetas son más que formas: transmiten emociones. La silueta de reloj de arena se siente romántica, la Línea A divertida, el estilo Imperio elegante y el Bodycon audaz.

Al dibujar, piensa siempre: ¿qué sensación quiero que transmita este atuendo?

Teoría del Color en la Moda Femenina
- Combinaciones, Contrastes y Paletas Estacionales

El color transforma una prenda de un simple tejido en una historia visual.

- **Tonos Cálidos vs. Fríos** - Los tonos cálidos (rojos, naranjas, amarillos) transmiten energía y pasión. Los tonos fríos (azules, verdes, violetas) evocan calma y sofisticación.
- **Contraste y Armonía** - Los colores opuestos en la rueda cromática crean dramatismo y audacia. Los tonos vecinos generan suavidad y armonía.
- **Paletas Estacionales** - Los diseñadores suelen pensar en paletas como estados de ánimo estacionales:
  o *Primavera*: tonos pastel, ligeros y alegres.
  o *Verano*: tonos fríos, frescos y vibrantes.
  o *Otoño*: tonos terrosos, cálidos y ricos.
  o *Invierno*: contrastes profundos, elegantes y potentes.
- **Psicología del Color** - Los tonos claros amplían el espacio y transmiten frescura. Los oscuros aportan misterio y autoridad. Los colores vivos atraen la atención, mientras que los tonos suaves crean sutileza.

Experimenta coloreando el mismo diseño en tres paletas diferentes: verás cómo el estado de ánimo cambia por completo.

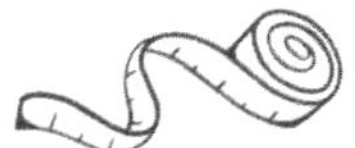

Tejidos y Texturas en la Ropa Femenina
- *Encaje, Satén, Denim, Tweed*

El tejido adecuado puede elevar o transformar completamente un diseño.

- **Encaje** - Ligero, delicado, perfecto para superponer o para looks románticos.
- **Satén** - Suave y brillante, ideal para vestidos de gala y atuendos formales.
- **Denim** - Resistente, informal y versátil, presente tanto en el estilo urbano como en la alta costura.
- **Tweed** - Estructurado y con textura, excelente para abrigos o estilos sofisticados.

Al diseñar, imagina cómo se moverá el tejido. ¿Cae suavemente? ¿Mantiene su forma? ¿Brilla bajo la luz? La textura es tan importante como el corte.

Consejo profesional: *Dibuja el mismo atuendo con dos tejidos distintos. Un traje de tweed parece formal, mientras que el mismo corte en denim se siente relajado.*

Herramientas para el Dibujo de Moda

- Lápices, Marcadores, Opciones Digitales

Las herramientas son tus compañeras de creatividad.

- **Lápices** - Ideales para los bocetos iniciales, sombrear y detallar.
- **Marcadores** - Perfectos para añadir toques rápidos de color y probar paletas.
- **Lápices de Colores** - Útiles para superponer tonos, difuminar y crear degradados suaves.
- **Acuarelas** - Aportan fluidez y textura para bocetos artísticos y etéreos.
- **Herramientas Digitales** - Las tabletas y los programas ofrecen colores, texturas y opciones infinitas.

No esperes a tener herramientas costosas para empezar. Incluso un simple lápiz y papel pueden dar vida a grandes ideas.

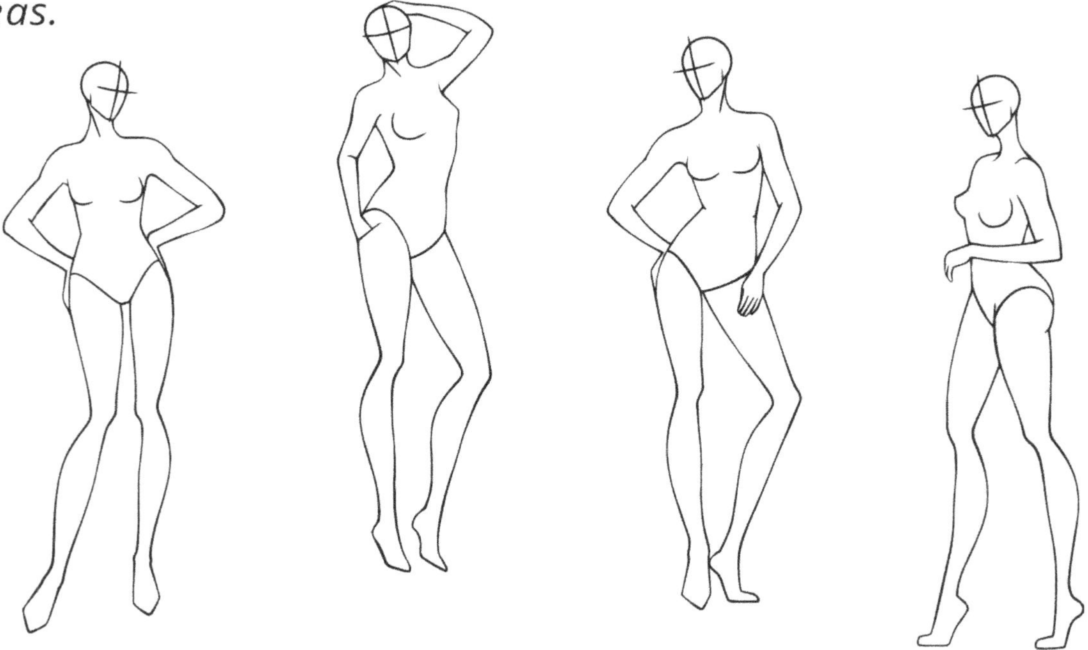

Paso a Paso:

Atuendo Casual de Día (Vestido, Falda, Blusa)

La moda diaria equilibra comodidad y estilo. Prueba este proceso:

1. **Boceto Base** - Empieza con una silueta femenina sencilla.
2. **Delimita la Prenda** - Piensa en tejidos ligeros como el algodón o el lino.
3. **Añade Detalles** - Botones, cuellos o accesorios simples.
4. **Elige una Paleta** - Los tonos neutros con un toque de color suelen funcionar mejor.
5. **Finaliza la Textura** - Sombrea para mostrar suavidad o firmeza.

La clave está en la usabilidad. Un diseño casual debe sentirse fácil y natural, pero siempre con estilo.

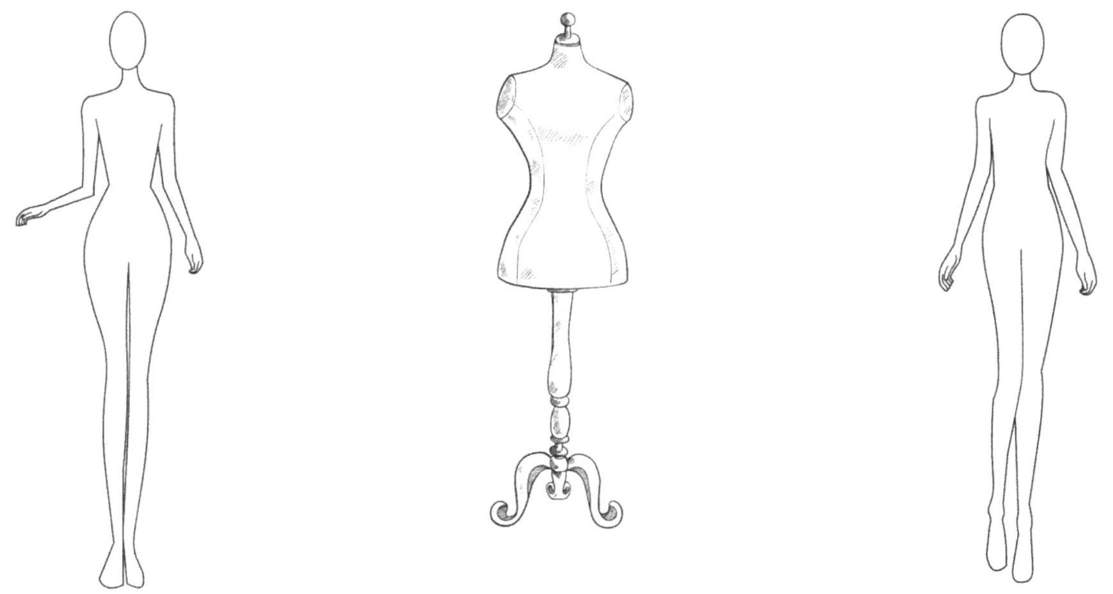

Paso a Paso:

Look de Noche y Glamour (Vestidos de Cóctel y de Gala)

La moda de noche trata de elegancia y presencia. Sigue este flujo:

1. **Elige la Silueta** - Línea A, sirena o estilo ajustado.
2. **Selecciona los Tejidos** - Tejidos brillantes o fluidos como satén, terciopelo o gasa.
3. **Añade Detalles de Diseño** - Escotes palabra de honor, espaldas descubiertas, aberturas altas o adornos.
4. **Selecciona los Colores** - Tonos joya, metálicos o contrastes marcados.
5. **Finaliza con Accesorios** - Tacones, joyas, bolso de mano.

Los looks de noche deben hacer que quien los lleve se sienta segura, glamurosa e inolvidable.

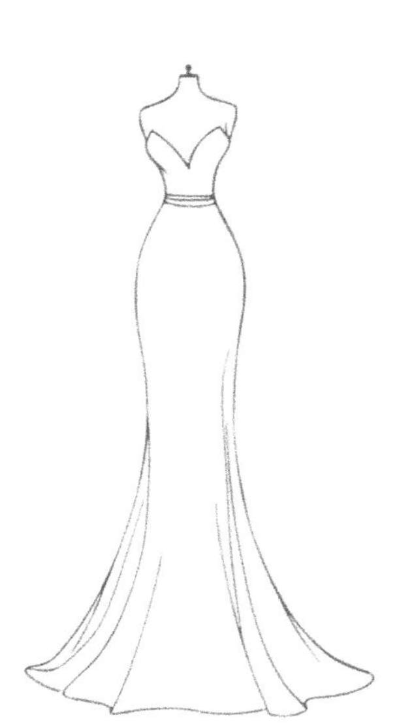

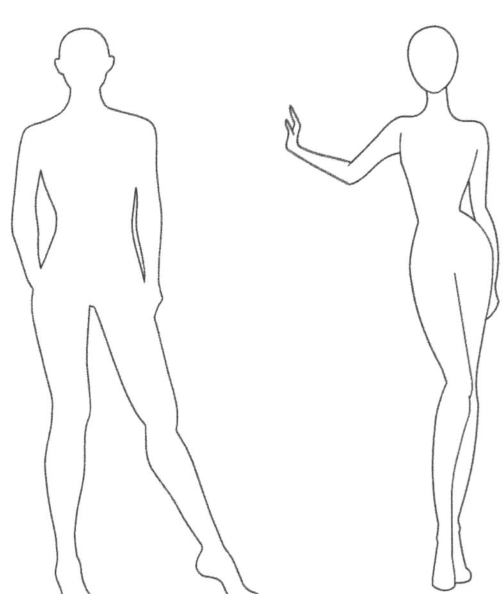

Errores Comunes en el Diseño de Moda Femenina

(y Cómo Evitarlos)

Incluso las diseñadoras con experiencia enfrentan desafíos.

Aquí algunos errores frecuentes:

- **Sobrecargar el Diseño** - Demasiados detalles pueden saturar. Simplifica siempre que sea posible.

- **Ignorar el Movimiento del Tejido** - Un boceto puede parecer bueno, pero si el tejido no lo acompaña, el atuendo falla.

- **Exceso de Color** - Usar demasiados tonos intensos puede distraer. Mantén una paleta equilibrada.

- **Problemas de Proporción** - Una falda demasiado larga o mangas demasiado cortas distorsionan el conjunto. Comprueba siempre el equilibrio.

- **Copiar las Tendencias al Pie de la Letra** - Inspirarse está bien, pero la originalidad es lo que distingue a una diseñadora.

Cada error es una oportunidad.
La clave está en ajustar, refinar y mejorar.

Consejos y Trucos para Diseñadoras de Moda

- Dibuja siempre varias versiones antes de decidirte por un diseño.
- Piensa en la superposición: los atuendos son más versátiles cuando las piezas se pueden combinar.
- Las paletas neutras pueden ser poderosas; no siempre necesitas colores intensos.
- Dibuja con movimiento: imagina cómo el tejido cae y fluye.
- Anota lo que te inspira. Las ideas se desvanecen rápido, pero los detalles escritos las conservan.

Diseñar no se trata solo de la ropa, sino de la historia que cuenta.

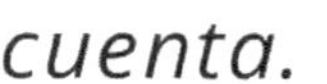

Guía Paso a Paso
de Este Cuaderno

Este cuaderno es tu estudio de diseño en papel. Así es como puedes usarlo:

- **Practica** - Comienza con las siluetas básicas incluidas. No te apresures; céntrate en ganar confianza.
- **Experimenta** - Prueba diferentes tejidos, paletas y formas. Usa lápices de color, marcadores o incluso muestras de tela.
- **Documenta** - Usa las páginas de notas para registrar tu progreso, reflexiones e inspiraciones.
- **Crea Colecciones** - Piensa en conjuntos de atuendos que compartan un tema.
- **Revisa** - Vuelve a mirar tus bocetos anteriores para ver cuánto ha evolucionado tu estilo.

Al finalizar este cuaderno, no solo tendrás decenas de bocetos, sino también una visión clara de tu identidad como diseñadora.

Fundamentos del Dibujo de Moda:
Paso a Paso

El dibujo de moda es la base de todo recorrido de diseño. Aunque las técnicas evolucionen con el tiempo, seguir un proceso estructurado te ayudará a crear bocetos equilibrados y expresivos.

Paso 1: Construye la Silueta Básica

- Empieza con las proporciones del cuerpo femenino.
- Traza guías para hombros, cintura, caderas y piernas.
- Recuerda que la silueta femenina resalta las curvas, así que mantén tus líneas fluidas.

Paso 2: Delimita las Formas Principales de la Prenda

- Añade formas geométricas básicas para representar las piezas principales: vestidos, faldas, blusas o pantalones.
- Piensa en círculos para faldas fluidas, rectángulos para chaquetas estructuradas y óvalos para tops suaves.

Paso 3: Añade Detalles de la Prenda

- Dibuja elementos como cuellos, mangas, puños, botones, cinturones o dobladillos.
- Usa líneas limpias para mantener proporciones precisas.

Paso 4: Representa Tejidos y Texturas

- Indica el tipo de tejido mediante el trazo:
  o Tejidos ligeros y fluidos (seda, gasa) → líneas largas y curvas.
  o Tejidos pesados (denim, lana) → líneas cortas y firmes.
  o Encaje o texturas delicadas → detalles pequeños e intrincados.

Paso 5: Añade Color y Sombreado

- Introduce una paleta cromática: neutros, pasteles o contrastes marcados.
- Usa el sombreado para mostrar volumen, pliegues y profundidad del tejido.

Paso 6: Refina y Finaliza

- Repasa las líneas clave para resaltar la silueta.
- Deja espacio para notas: ideas de tejidos, inspiraciones de color u ocasión prevista.

El dibujo de moda no trata de perfección, sino de expresión. Estos pasos te dan estructura, pero tu creatividad es lo que da vida a los diseños.

Mini Ejercicio:

Dibuja el mismo atuendo dos veces: una versión casual (blusa de algodón y falda vaquera) y una versión formal (blusa de seda y falda lápiz). Observa cómo los tejidos y pequeños detalles transforman el conjunto.

LOOK DE MODA DIARIO, FÁCIL Y RÁPIDO

Pongamos la teoría en práctica con un atuendo sencillo y casual para el día. La moda diaria trata de comodidad y estilo natural, sin dejar de reflejar personalidad.

5 Pasos para Diseñar un Look Casual de Día:
1. Dibuja una silueta femenina relajada.
2. Añade una blusa ligera o una camiseta ajustada como parte superior.
3. Completa el atuendo con vaqueros, falda o leggings.
4. Incluye calzado práctico - zapatillas, bailarinas o sandalias.
5. Sugiere pequeños accesorios como un bolso tipo tote o una pulsera.

Notas de Estilo:
- La moda diaria suele basarse en tonos neutros con uno o dos colores de acento.
- La comodidad es clave - los tejidos como el algodón o el punto funcionan bien.
- Superponer (una chaqueta ligera, un pañuelo o un cárdigan) puede elevar al instante un look casual.

¿Por Qué Practicar Esto?

Los looks casuales pueden parecer simples, pero enseñan equilibrio y proporción. También son una excelente forma de practicar el movimiento y la fluidez, ya que los atuendos cotidianos rara vez son rígidos.

Reflexión:
- ¿Qué colores representan mejor tu estilo "diario"?
- ¿Cómo cambiaría este look si sustituyeras las zapatillas por tacones o botas?

Usa esta página para dibujar tu propio atuendo rápido. No te centres demasiado en los detalles: deja que tu mano se mueva libremente y disfruta del proceso.

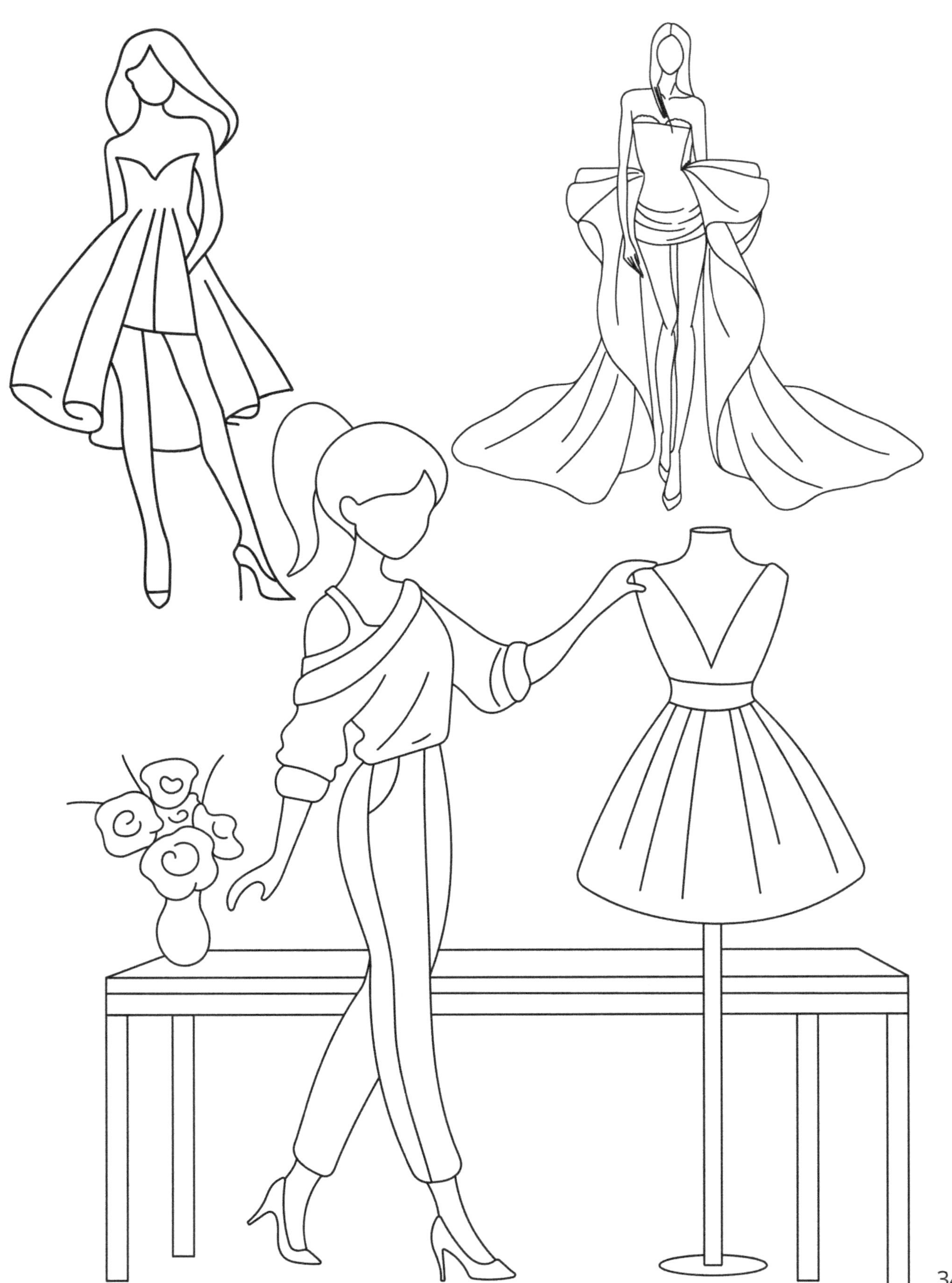

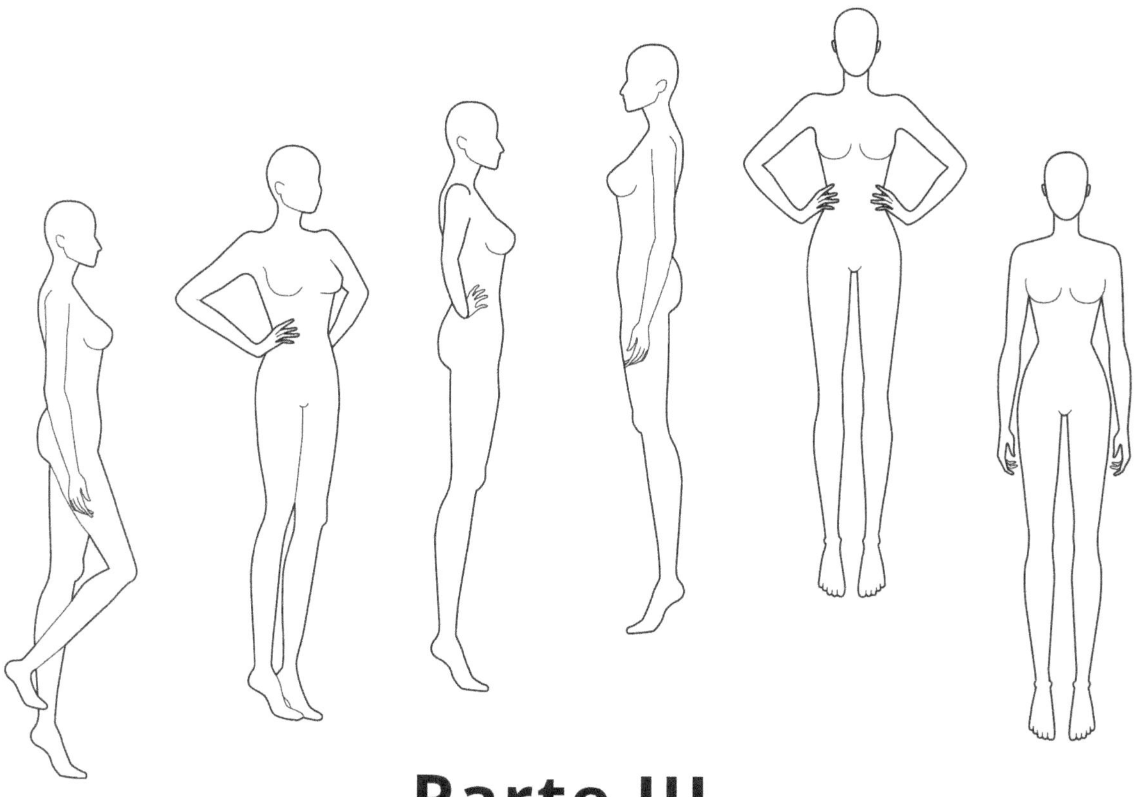

Parte III
- *Cuaderno de Bocetos y Práctica*

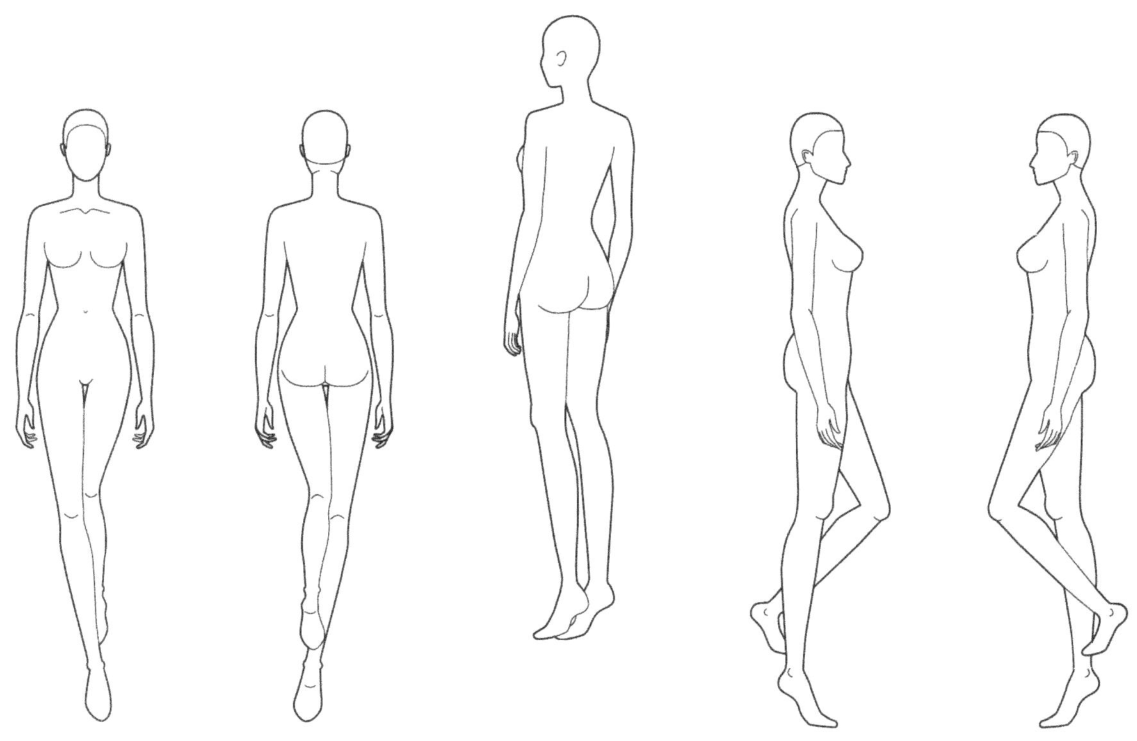

Guía de Práctica de Moda y Notas

El diseño de moda trata de exploración, no de perfección. Usa esta página para probar algo audaz, incluso si se siente fuera de tu zona de confort. Los errores forman parte del crecimiento, y cada boceto te enseña algo nuevo.

Cómo usar esta página:

- Experimenta con proporciones que normalmente no dibujas.
- Añade capas para ver cómo interactúan los tejidos.
- Usa las notas para describir el movimiento o la fluidez del atuendo.

Reflexión y notas:

- ¿Qué nueva técnica probé hoy?
- ¿El diseño se sintió equilibrado?
- ¿Qué detalle podría perfeccionar en el próximo boceto?

Consejo profesional: Los experimentos audaces suelen conducir a tus ideas más originales.

Inspiración de Atuendos: Streetwear

El poder de las capas

El streetwear se nutre de las capas: permiten creatividad, versatilidad y combinaciones infinitas. Comienza con una base simple, como un top ajustado y leggings, luego agrega camisas oversize, chaquetas tipo bomber o chalecos de mezclilla. Prueba una sudadera con capucha bajo un abrigo trench o una camisa de cuadros atada a la cintura. Cada capa transforma la silueta y añade profundidad.

Experimenta con contrastes: tejidos suaves bajo chaquetas estructuradas, o estampados atrevidos sobre básicos neutros. Además de estética, el layering es práctico: adapta el atuendo a distintos climas y estados de ánimo.

Prueba esto: dibuja un look empezando con un crop top y pantalones cargo; luego añade una sudadera con cremallera, una chaqueta oversize y zapatillas. Observa cómo cada capa cambia la vibra del conjunto.

Tendencias

Inspiración

Textiles

Notas

Detalles

Muestras de Tela

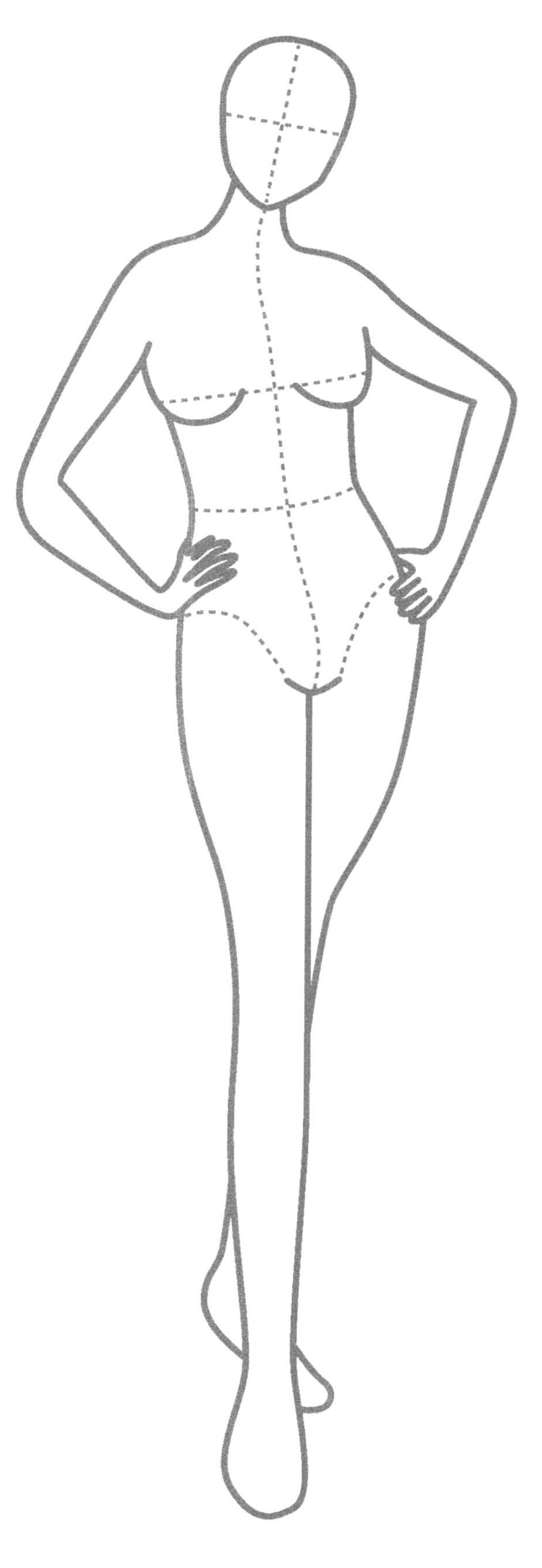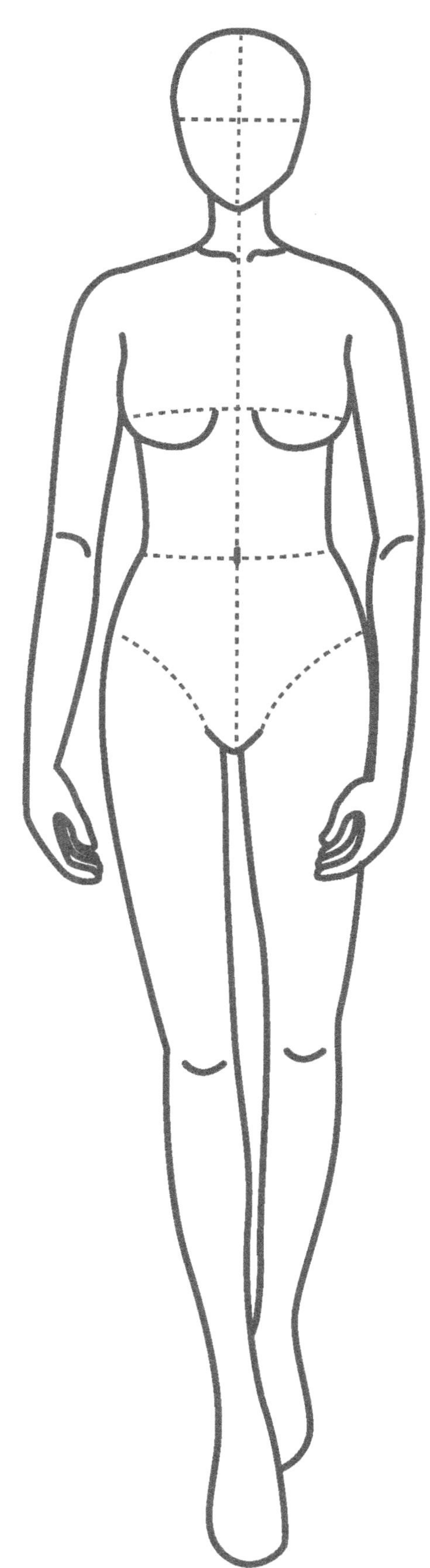

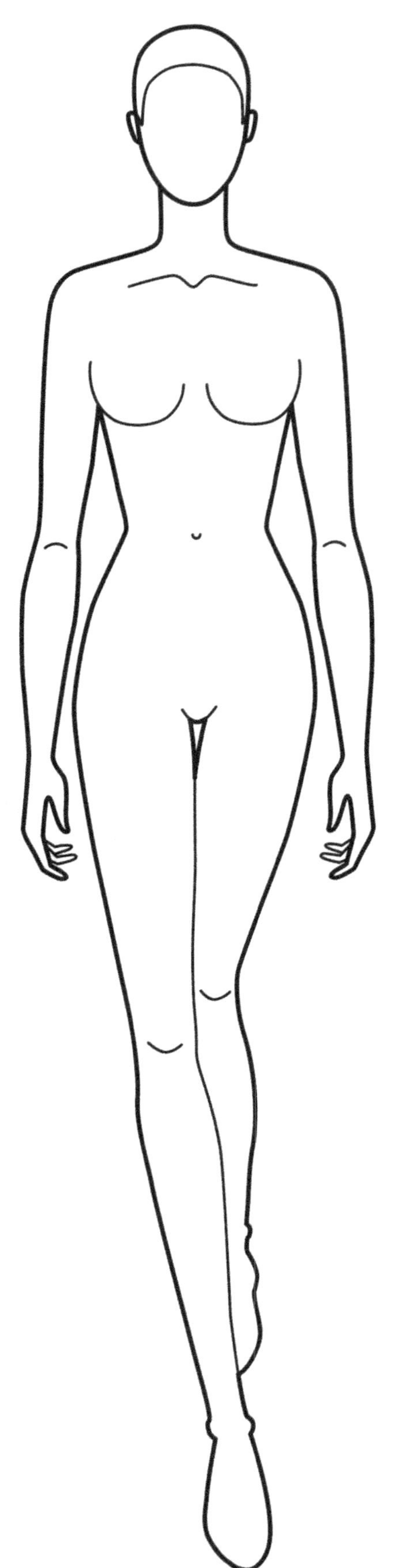
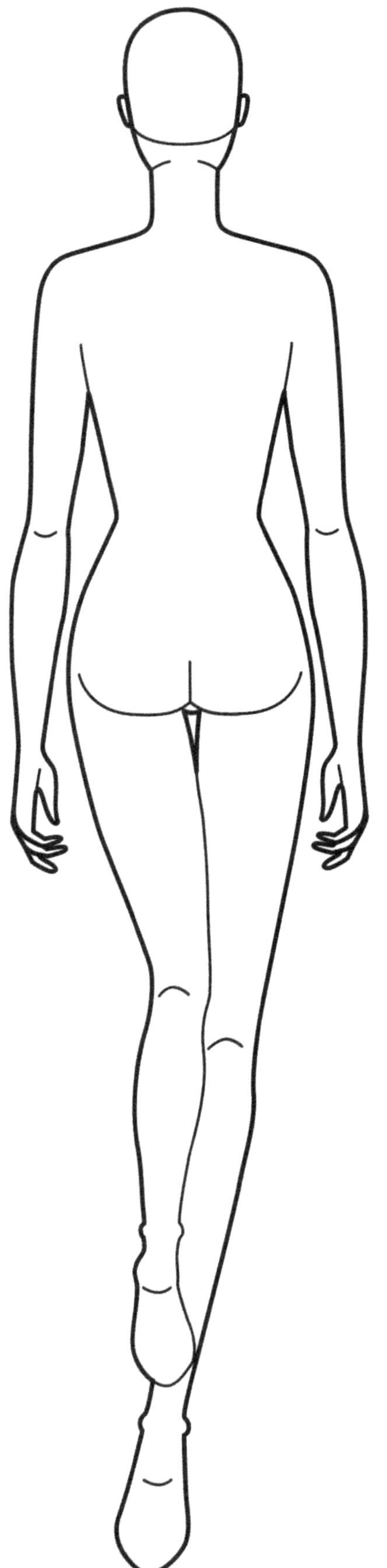

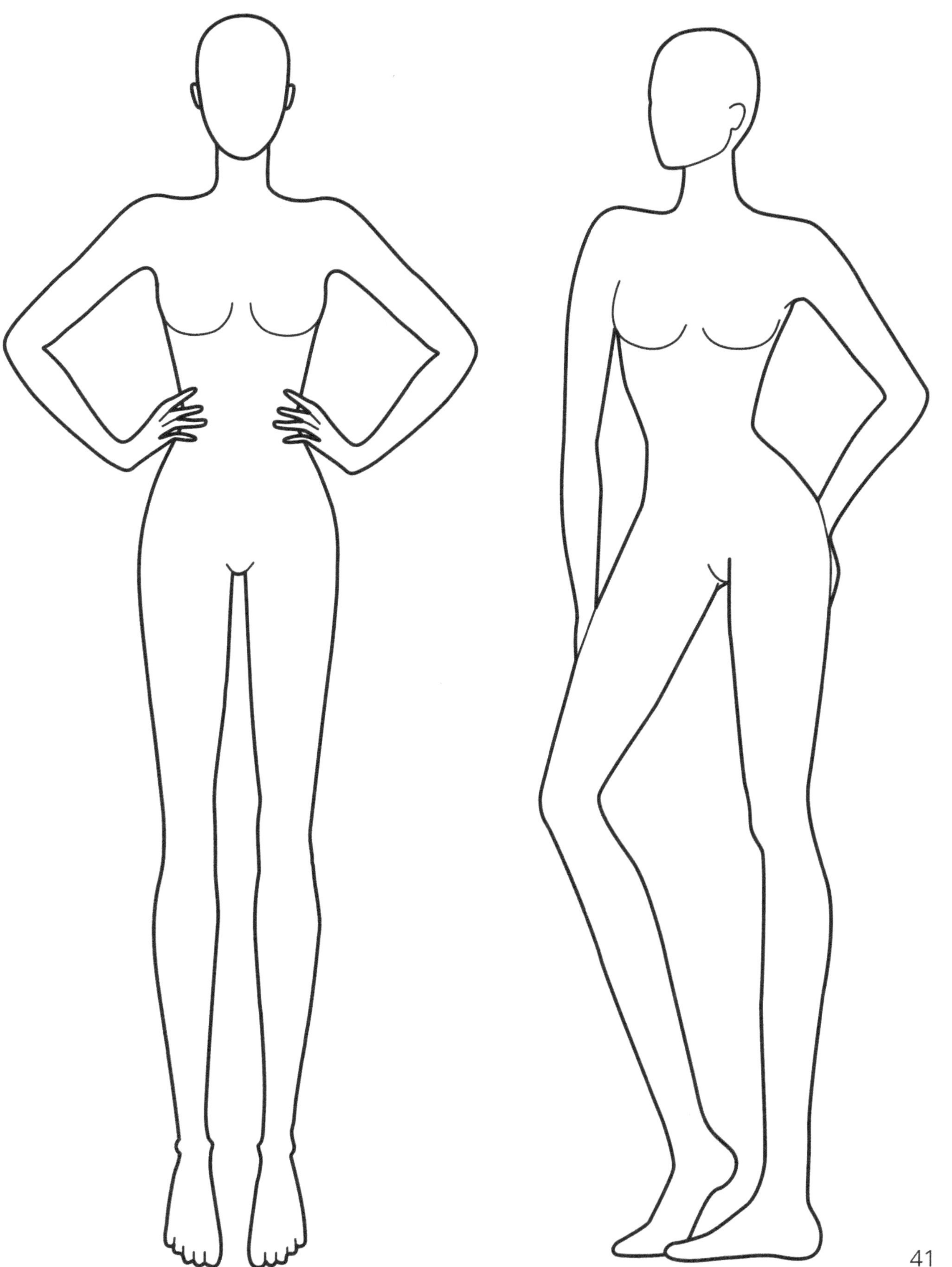

Tus Notas y Fotos de Inspiración

Esta página es tu galería creativa. Úsala para seguir tu progreso, recopilar tus diseños favoritos y reflexionar sobre tu evolución.

- Añade bocetos, fotos de inspiración o recortes para dar vida a tus ideas de moda.
- Escribe detalles como colores, tejidos o elementos del atuendo que te inspiraron.
- Deja espacio para que tu "yo futuro" compare cómo ha cambiado tu estilo.

Consejo profesional*: Una sola imagen o muestra de tela puede inspirar toda una colección. ¡No temas guardar incluso los detalles más pequeños que te inspiren!*

Inspiración de Atuendos: Office Chic y Glamour de Pasarela

Elegancia Clásica de Oficina y Glamour de Alfombra Roja

Inspiración Office Chic

Una falda lápiz combinada con una blusa impecable nunca pasa de moda. Añade una chaqueta entallada y tacones medios para una silueta pulida que transmite confianza. Mantén los accesorios mínimos: un bolso de cuero delgado y un reloj delicado crean equilibrio. Los tonos neutros como azul marino, negro o crema aseguran versatilidad, mientras que un toque de labial rojo puede transformar el look.

Inspiración Runway Glam

Para un momento de alfombra roja, piensa en vestidos largos con tejidos fluidos. El satén brillante y las lentejuelas crean impacto visual bajo las luces. Experimenta con escotes atrevidos o espaldas descubiertas, y considera aberturas altas para dar movimiento. Los pendientes llamativos o un bolso clutch audaz completan la estética glamorosa, asegurando un look digno del escenario.

Guía de Práctica de Moda y Notas

Los grandes diseños suelen nacer de experimentos rápidos. No lo pienses demasiado: deja que tu mano se mueva y capture la primera idea que aparezca. La espontaneidad revela creatividad oculta.

Cómo usar esta página:
- Realiza un boceto de 5 minutos para calentar.
- Concéntrate en un solo elemento: mangas, pantalones o escote.
- Anota tejidos, texturas o elecciones de color.

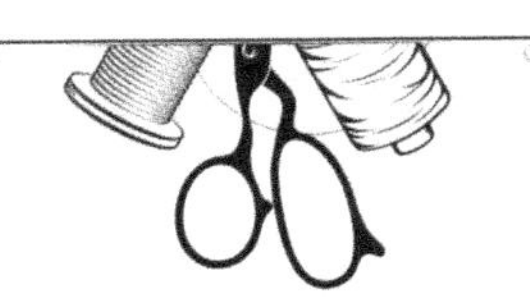

Reflexión y notas:
- ¿Pude dibujar más rápido de lo habitual?
- ¿Qué detalle considero más exitoso en este diseño?
- ¿Qué podría simplificar la próxima vez?

Consejo profesional: *Dibujar con rapidez mejora la confianza y afina tus instintos.*

Inspiración de Atuendos: Streetwear

Vibras Athleisure: del Gimnasio a la Calle

El estilo athleisure combina comodidad con actitud. Piensa en leggings de yoga combinados con sudaderas oversize, crop tops deportivos o chaquetas tipo bomber. La clave está en el equilibrio: ajustado abajo y suelto arriba, o al revés.

Los accesorios realzan el look: gorras, zapatillas chunky, riñoneras cruzadas. La joyería se mantiene mínima para conservar el aire deportivo.

Enfoque en los tejidos: algodón transpirable, spandex, neopreno. Añade una pieza brillante o metálica para elevar el estilo.

Consejo profesional: El athleisure trata de confianza. Dibuja un atuendo que parezca listo tanto para una sesión de gimnasio como para una tarde en un café.

Tendencias

Inspiración

Textiles

Notas

Detalles

Muestras de Tela

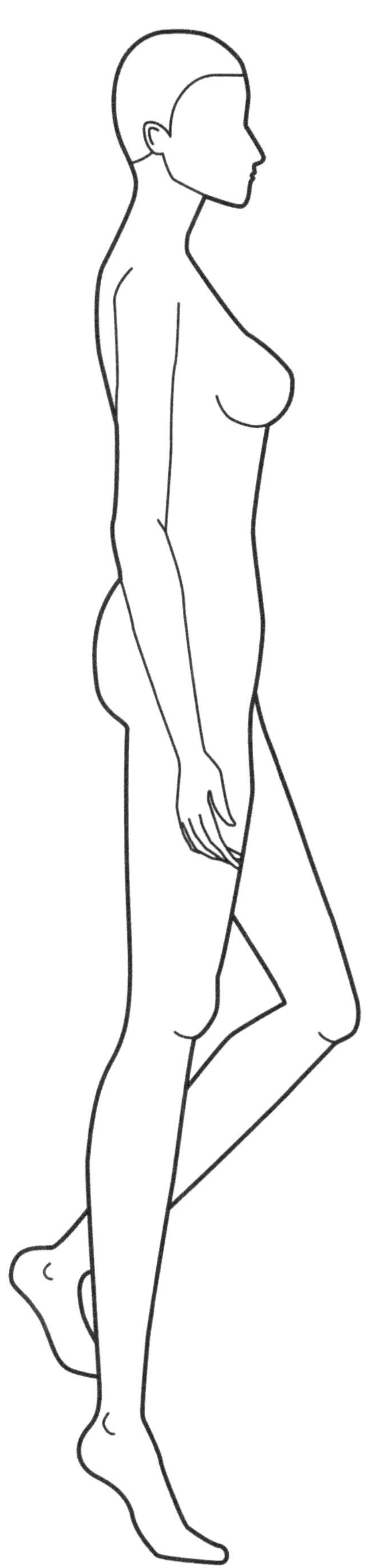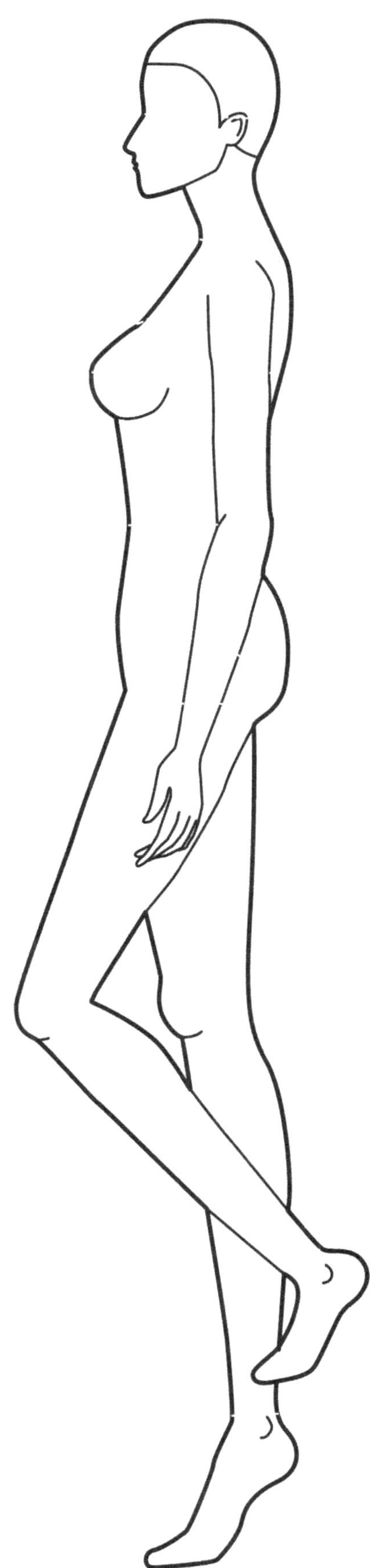

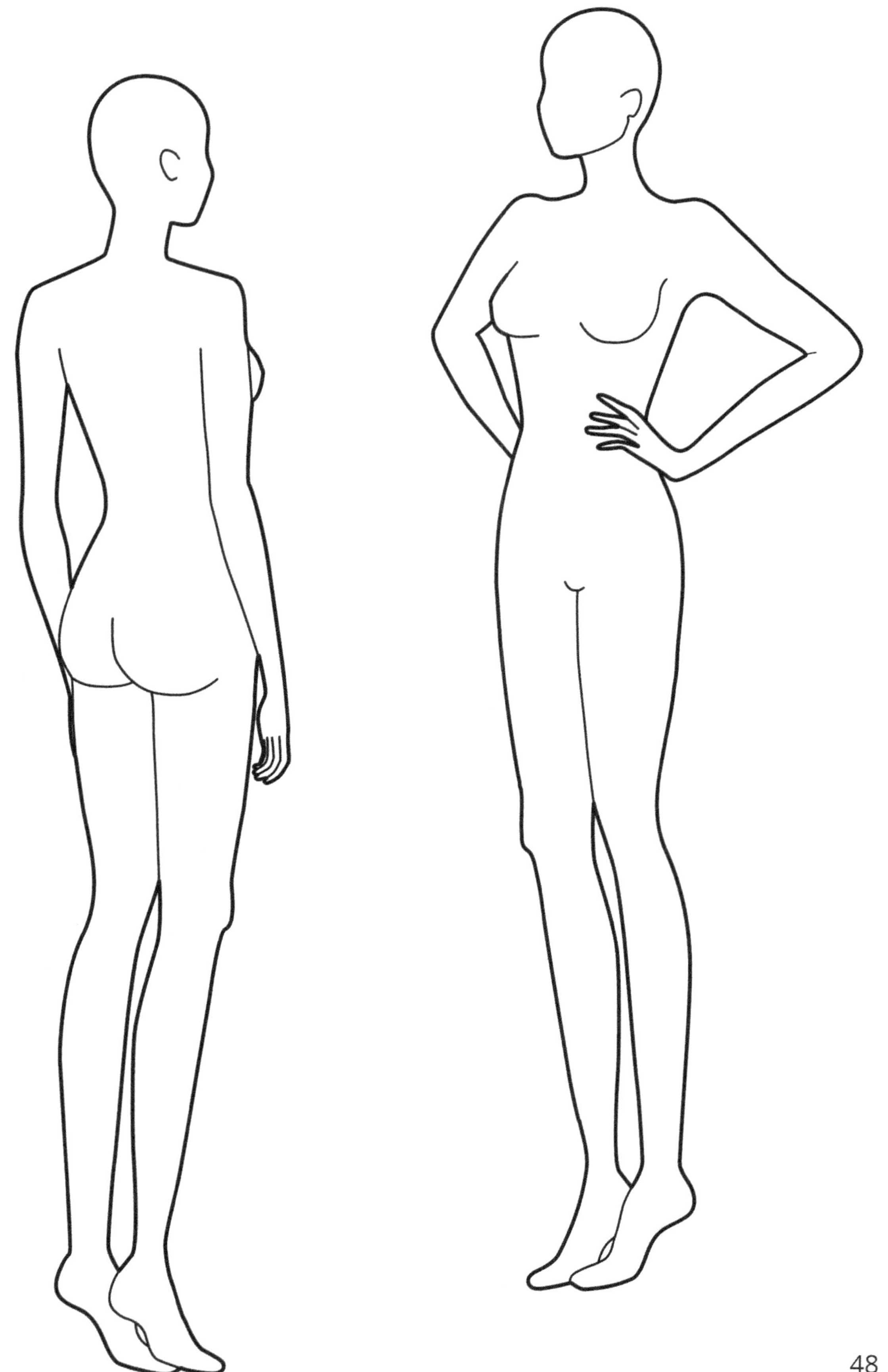

Tus Notas y Fotos de Inspiración

Esta página es tu galería creativa. Úsala para seguir tu progreso, recopilar tus diseños favoritos y reflexionar sobre tu evolución.

- Añade bocetos, fotos de inspiración o recortes para dar vida a tus ideas de moda.
- Escribe detalles como colores, tejidos o elementos del atuendo que te inspiraron.
- Deja espacio para que tu "yo futuro" compare cómo ha cambiado tu estilo.

Consejo profesional: *Una sola imagen o muestra de tela puede inspirar toda una colección. ¡No temas guardar incluso los detalles más pequeños que te inspiren!*

Inspiración de Atuendos:
Office Chic y Glamour de Pasarela

Profesional Minimalista y Pasarela Futurista

Inspiración Office Chic

El minimalismo prospera en el entorno profesional. Combina pantalones rectos con un top monocromático y un blazer largo. Elige tejidos fluidos que caigan bien, y mantén la paleta en negro, blanco o beige para un toque moderno. El calzado debe ser igualmente sencillo: mocasines o zapatos en punta, elegantes y prácticos. El poder de este estilo reside en las líneas limpias y la confianza silenciosa.

Inspiración Runway Glam

La moda futurista apuesta por la experimentación audaz. Imagina tejidos metálicos, cortes asimétricos y hombros exagerados. Las formas geométricas en tonos plateados o iridiscentes empujan los límites sin perder usabilidad. Combina estas siluetas dramáticas con accesorios mínimos para dejar que la estructura hable por sí misma. El glamour futurista trata de confianza y visión: perfecto para los focos.

Guía de Práctica de Moda y Notas

La ropa cuenta una historia. Deja que esta página sea tu escenario para diseñar un atuendo inspirado en un tema, una emoción o incluso un lugar. Cuanto más personal sea la inspiración, más fuerte será el diseño.

Cómo usar esta página:
- Elige un concepto (viaje, vida nocturna, minimalismo).
- Tradúcelo en formas, líneas y accesorios.
- Añade detalles que conecten el atuendo con la historia.

Reflexión y notas:
- ¿Mi boceto capturó el tema elegido?
- ¿Qué elemento comunica mejor la historia?
- ¿Cómo podría desarrollar más este concepto?

Consejo profesional: *Un diseño sólido siempre transmite un significado más allá del tejido.*

Inspiración de Atuendos: Streetwear

Cultura Denim: el Núcleo del Estilo Urbano

El denim es la columna vertebral del streetwear. Jeans de tiro alto, chaquetas cortas, faldas con patchwork o shorts desgastados — todos reflejan el espíritu urbano. Los cortes amplios evocan lo retro, mientras que los vaqueros rotos aportan rebeldía.

El doble denim vuelve a estar en tendencia. Dibuja una prenda inferior en denim oscuro con una chaqueta oversize en tono claro para crear contraste. Añade zapatillas o botas para completar el look callejero.

La personalización marca la diferencia: bordados, estampados tipo grafiti o deshilachados intencionales hacen que cada diseño de mezclilla sea único.

Prueba esto: imagina un mono de denim combinado con zapatillas y gafas de sol grandes — funcional, con estilo y listo para la calle.

Tendencias

Inspiración

Textiles

Notas

Detalles

Muestras de Tela

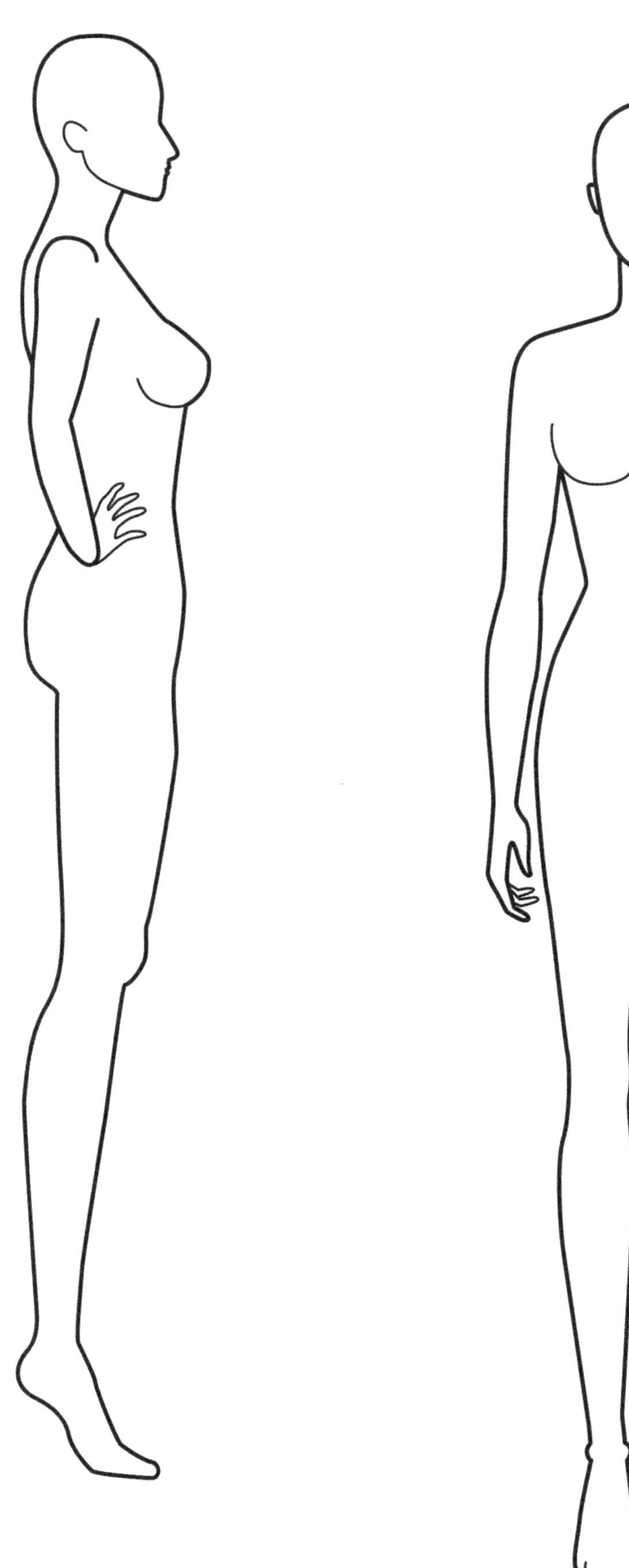

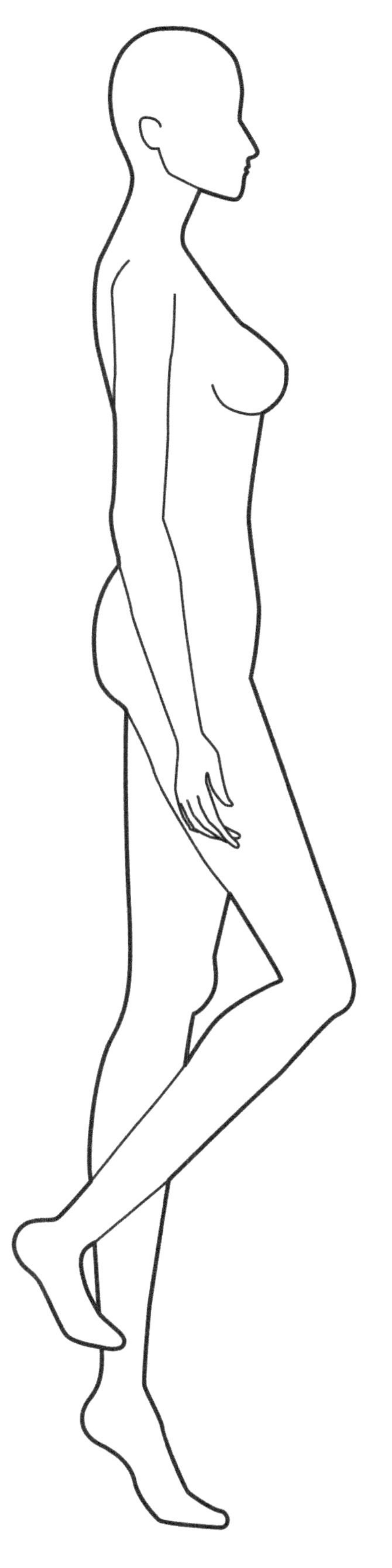
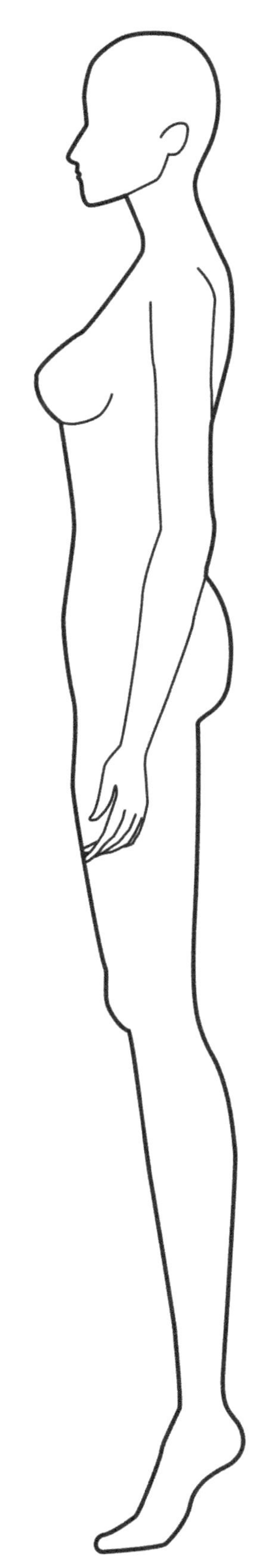

Tus Notas y Fotos de Inspiración

Esta página es tu galería creativa. Úsala para seguir tu progreso, recopilar tus diseños favoritos y reflexionar sobre tu evolución.

- Añade bocetos, fotos de inspiración o recortes para dar vida a tus ideas de moda.
- Escribe detalles como colores, tejidos o elementos del atuendo que te inspiraron.
- Deja espacio para que tu "yo futuro" compare cómo ha cambiado tu estilo.

Consejo profesional: *Una sola imagen o muestra de tela puede inspirar toda una colección. ¡No temas guardar incluso los detalles más pequeños que te inspiren!*

Inspiración de Atuendos:
Office Chic y Glamour de Pasarela

Profesional Creativo y Glamour de Festival

Inspiración Office Chic

Para mujeres que trabajan en industrias creativas, el atuendo de oficina puede ser tanto elegante como expresivo. Los pantalones anchos en colores vibrantes combinados con blusas estampadas o joyas llamativas logran el equilibrio perfecto. Añade un trench ligero o un cárdigan oversize para dar profundidad. El objetivo es proyectar profesionalismo sin ocultar la creatividad.

Inspiración Runway Glam

El glamour inspirado en festivales aporta energía y color. Piensa en vestidos largos fluidos, detalles con flecos y bordados coloridos. Los tejidos brillantes como el lamé o la malla metálica reflejan la luz con movimiento. Añade accesorios atrevidos — pendientes grandes, brazaletes gruesos o cinturones decorados — para amplificar el espíritu festivo.

Guía de Práctica de Moda y Notas

Piensa en esta página como tu laboratorio de moda. Prueba ideas, combina elementos que normalmente no irían juntos y observa qué sucede. La innovación nace al romper reglas.

Cómo usar esta página:

- Mezcla dos estilos contrastantes (casual vs. formal, minimalista vs. oversize).
- Añade accesorios que cambien el estado de ánimo del atuendo.
- Escribe notas sobre lo que funcionó y lo que no.

Reflexión y notas:

- ¿Descubrí una nueva combinación hoy?
- ¿Qué me sorprendió más de este diseño?
- ¿Funcionaría este atuendo en la vida real?

Consejo profesional: *Las combinaciones inusuales pueden dar lugar a looks inolvidables.*

____

____

____

____

____

____

Inspiración de Atuendos: Streetwear

Energía Oversize: Jugando con el Volumen

Las prendas oversize dan al streetwear su identidad audaz. Imagina una sudadera gigante que llegue al muslo o pantalones cargo con piernas amplias y exageradas.

El equilibrio es esencial. Combina prendas superiores amplias con inferiores ajustadas, o viceversa. Los crop tops también funcionan muy bien con vaqueros o joggers holgados.

Dirección de color: predominan los tonos neutros, pero una pieza en neón o pastel se convierte en el punto focal.

Consejo profesional: *En tu boceto, exagera ligeramente el volumen — mangas más largas, capuchas grandes o pantalones más anchos — para capturar la estética oversize.*

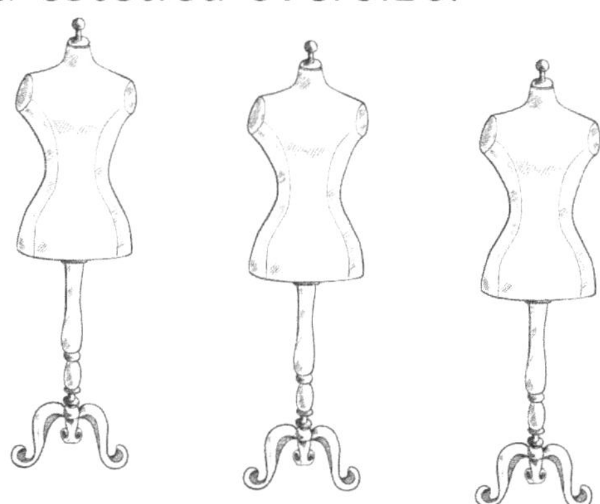

Tendencias

Inspiración

Textiles

Notas

Detalles

Muestras
de Tela

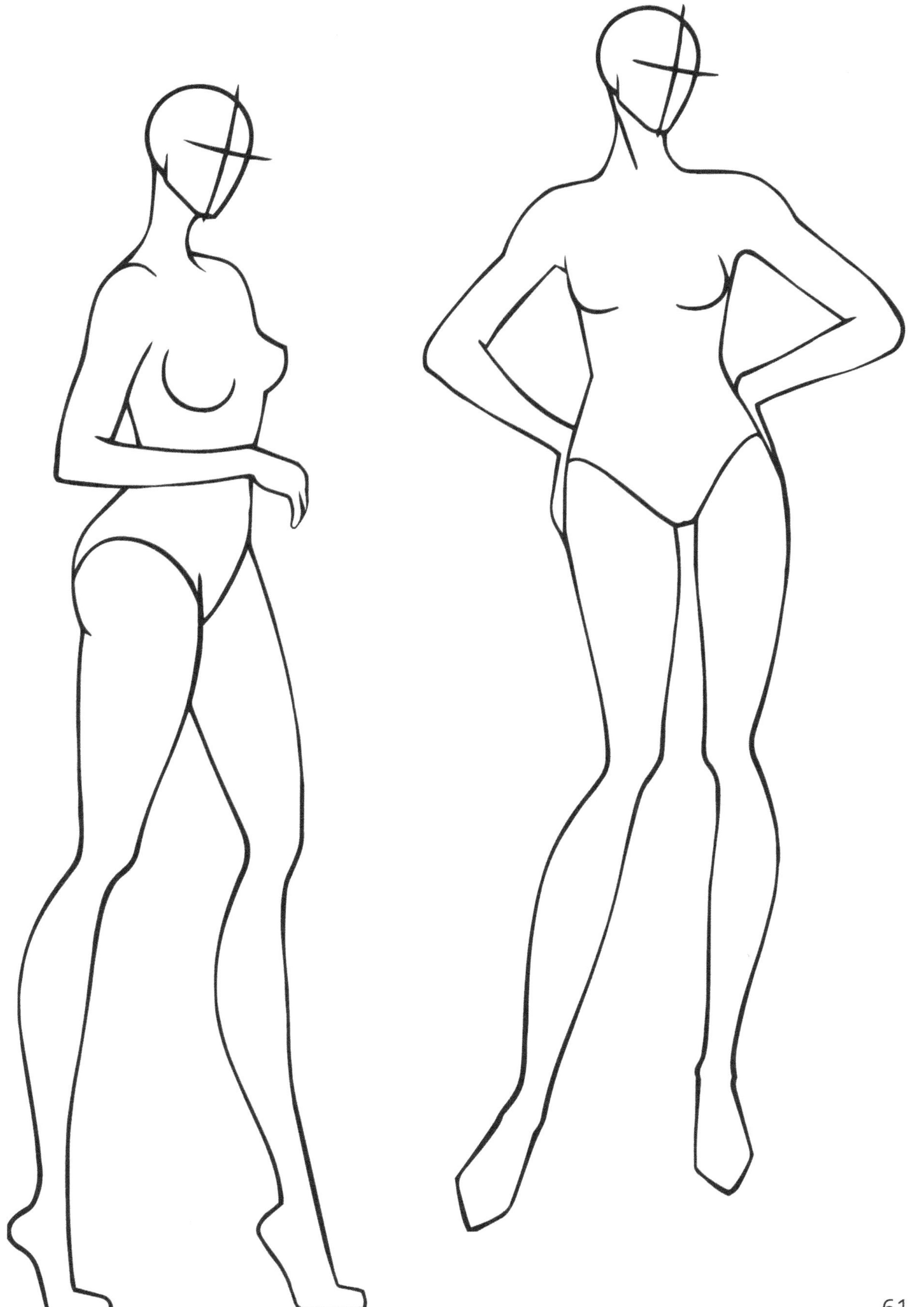

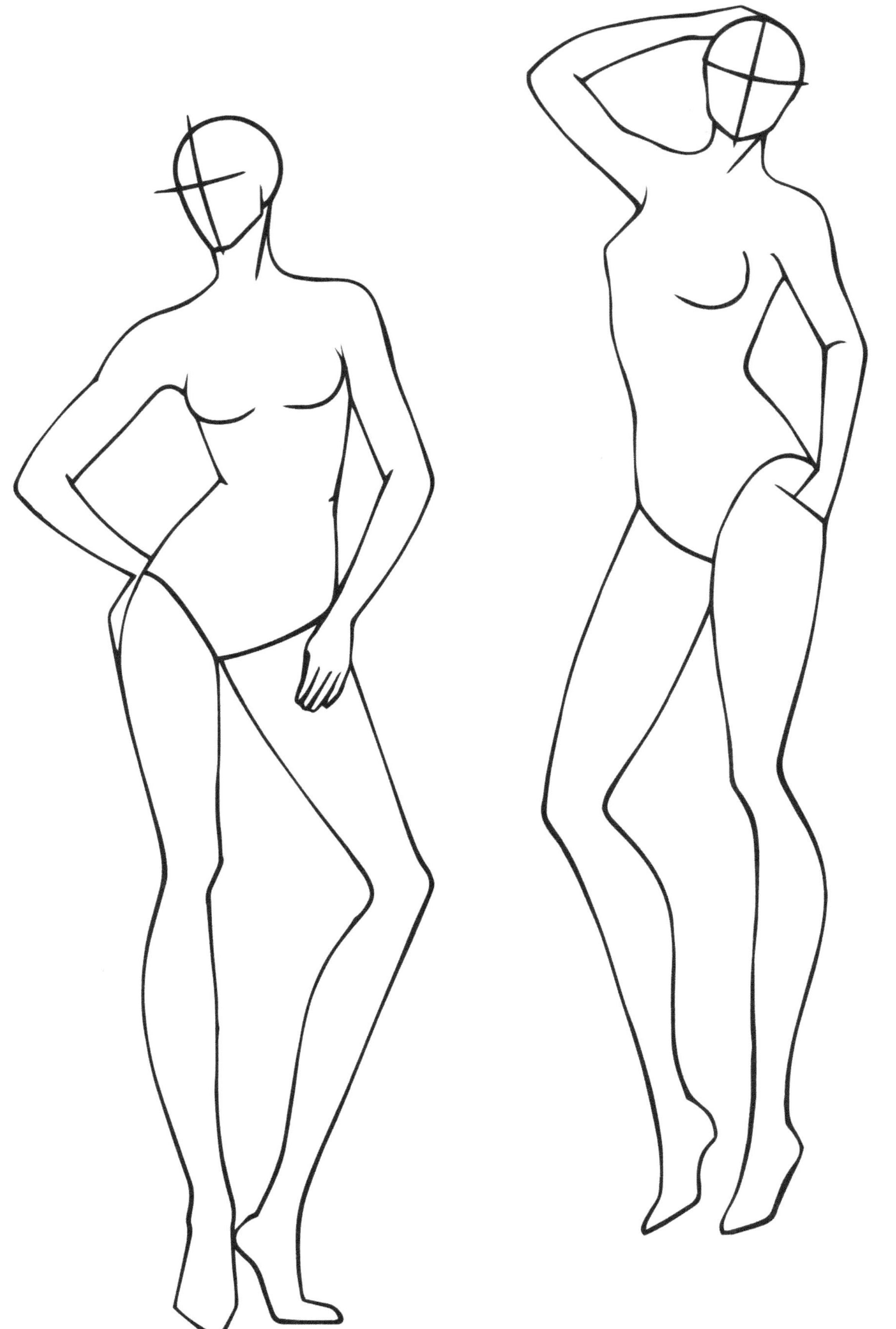

Tus Notas y Fotos de Inspiración

Esta página es tu galería creativa. Úsala para seguir tu progreso, recopilar tus diseños favoritos y reflexionar sobre tu evolución.

- Añade bocetos, fotos de inspiración o recortes para dar vida a tus ideas de moda.
- Escribe detalles como colores, tejidos o elementos del atuendo que te inspiraron.
- Deja espacio para que tu "yo futuro" compare cómo ha cambiado tu estilo.

Consejo profesional: *Una sola imagen o muestra de tela puede inspirar toda una colección. ¡No temas guardar incluso los detalles más pequeños que te inspiren!*

Inspiración de Atuendos:
Office Chic y Glamour de Pasarela

Poder y Glamour Sostenible

Inspiración Office Chic

El power dressing enfatiza la sastrería precisa. Un blazer cruzado, una silueta con hombros marcados y un bolso estructurado transmiten autoridad. Combínalo con pantalones ajustados o un vestido entallado para equilibrar el volumen. Los colores intensos como el burdeos profundo o el verde bosque aportan impacto manteniendo la sofisticación.

Inspiración Runway Glam

El glamour sostenible consiste en hacer declaraciones de moda con responsabilidad. Experimenta con tejidos orgánicos, textiles reciclados y tintes naturales. Crea looks de pasarela que demuestren que las elecciones ecológicas pueden ser igual de deslumbrantes. Los vestidos fluidos en tonos terrosos, acentuados con joyería reutilizada, destacan la belleza de la moda ética.

Guía de Práctica de Moda y Notas

La moda también trata de funcionalidad. Usa esta página para pensar de forma práctica: ¿es el atuendo ponible, cómodo y versátil? Dibujar con propósito fortalece los diseños.

Cómo usar esta página:
- Diseña para una ocasión específica (trabajo, viaje, ocio).
- Considera el movimiento: ¿se puede caminar, sentar o bailar con él?
- Añade notas sobre la practicidad (tejido, ajuste, comodidad).

Reflexión y notas:
- ¿Equilibré estilo y comodidad?
- ¿Qué detalle hace que el atuendo sea más usable?
- ¿Cómo podría adaptar este diseño a otra ocasión?

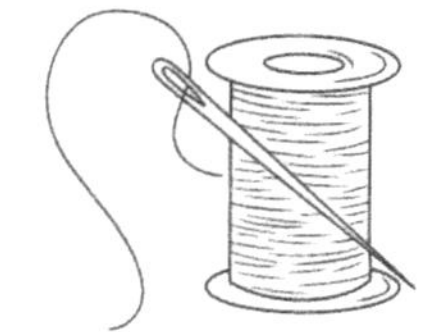

Consejo profesional: Los detalles prácticos a menudo transforman un concepto en una prenda real.

Inspiración de Atuendos: Streetwear

Mensajes Gráficos

El streetwear suele ser audaz, expresivo y sin disculpas. Los estampados gráficos y los eslóganes son una forma clave de comunicar actitud. Camisetas oversize con texto llamativo, sudaderas con ilustraciones tipo cómic o chaquetas con diseños en la espalda: todas son arte que se lleva puesto.

Ejercicio de diseño: dibuja una sudadera lisa y decora la parte trasera con un gráfico. Puede ser arte abstracto, un motivo natural o una palabra que exprese fuerza y empoderamiento.

Consejo sobre tejidos: serigrafía, bordado o apliques son técnicas reales, pero en el papel tu creatividad no tiene límites.

Tendencias

Inspiración

Textiles

Notas

Detalles

Muestras de Tela

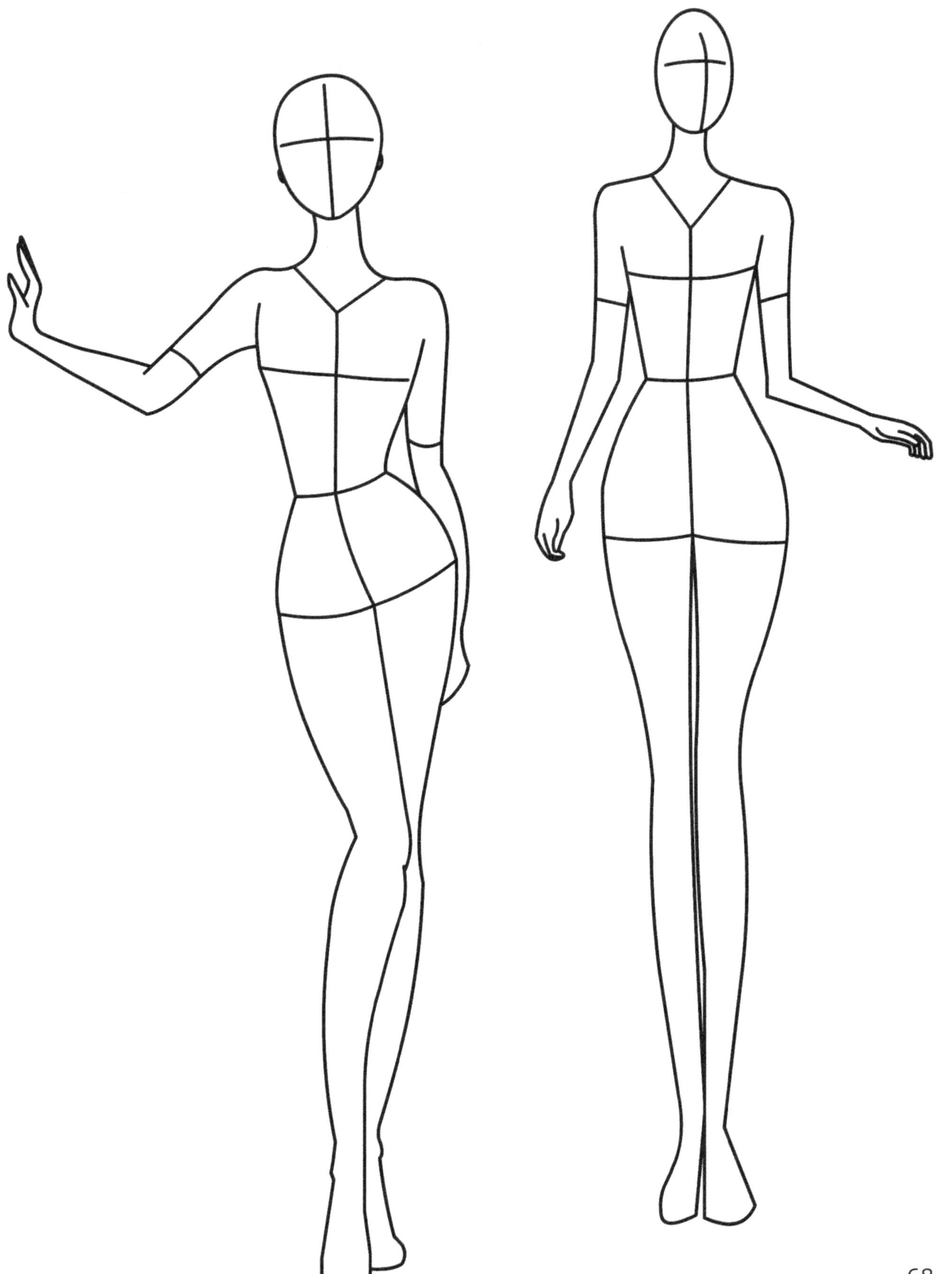

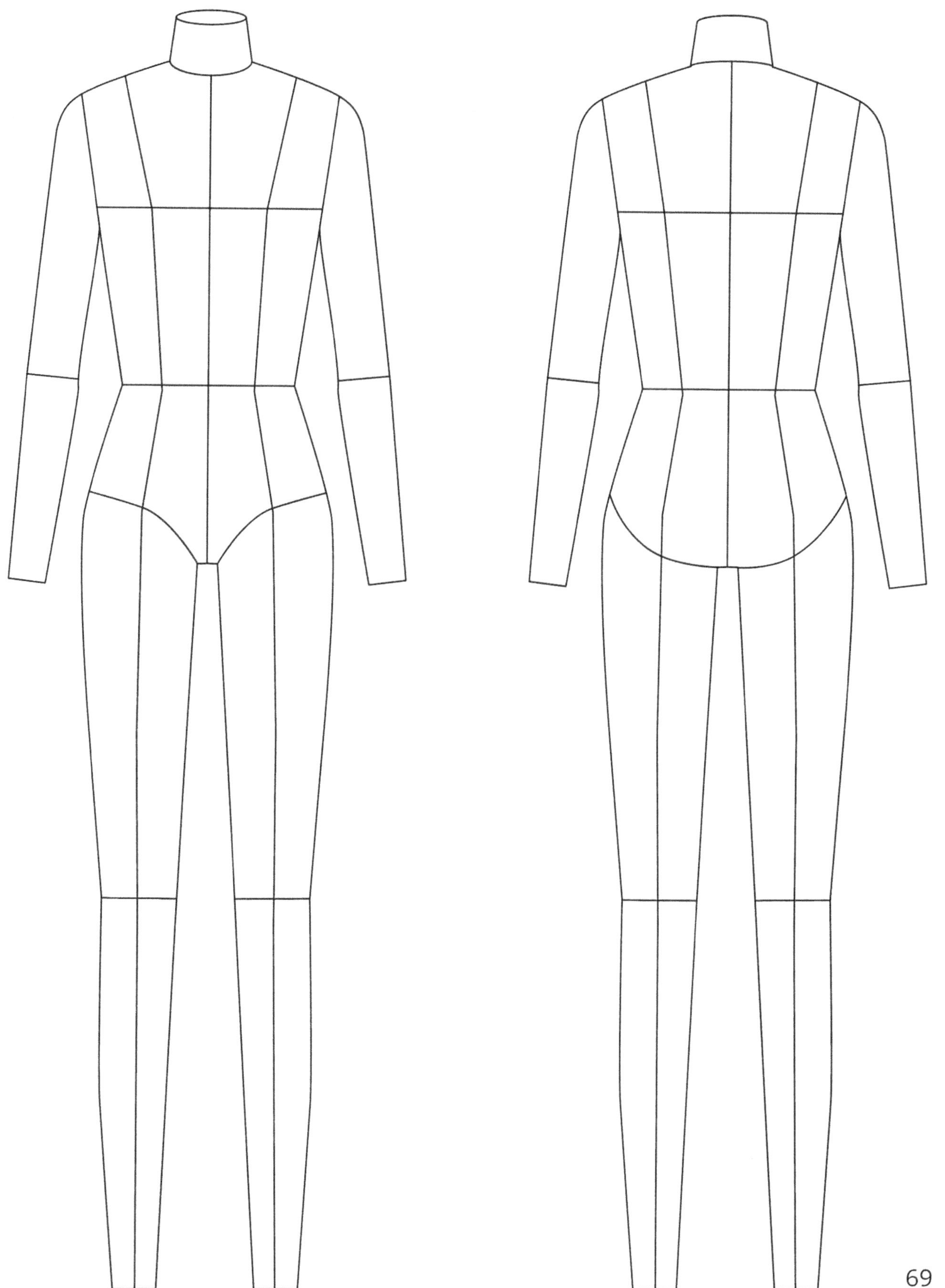

Tus Notas y Fotos de Inspiración

Esta página es tu galería creativa. Úsala para seguir tu progreso, recopilar tus diseños favoritos y reflexionar sobre tu evolución.

- Añade bocetos, fotos de inspiración o recortes para dar vida a tus ideas de moda.
- Escribe detalles como colores, tejidos o elementos del atuendo que te inspiraron.
- Deja espacio para que tu "yo futuro" compare cómo ha cambiado tu estilo.

Consejo profesional: *Una sola imagen o muestra de tela puede inspirar toda una colección. ¡No temas guardar incluso los detalles más pequeños que te inspiren!*

Inspiración de Atuendos:
Office Chic y Glamour de Pasarela

Viernes Relajado y Alta Costura

Inspiración Office Chic

Los viernes informales abren la puerta a combinaciones más relajadas. Mezcla mezclilla oscura con una blusa de seda y un blazer elegante para equilibrar profesionalismo y comodidad. El calzado puede ir desde botines hasta zapatillas blancas limpias. Mantén el conjunto pulido con accesorios estructurados: un bolso tipo tote o un cinturón delgado completan el look.

Inspiración Runway Glam

La alta costura encarna el arte. Los adornos cosidos a mano, los tejidos lujosos y las siluetas vanguardistas transforman las prendas en esculturas portables. Considera volantes exagerados, colas dramáticas o bordados intrincados. Estas piezas llevan la artesanía al límite y hacen que los desfiles sean inolvidables.

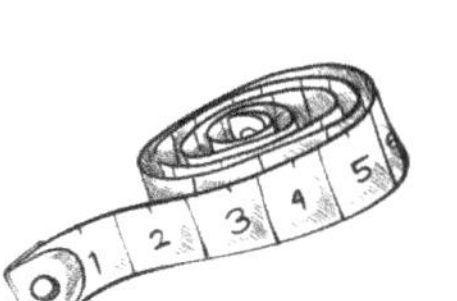
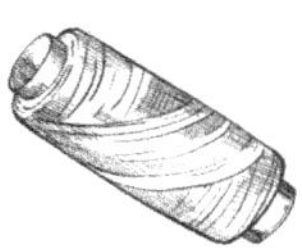
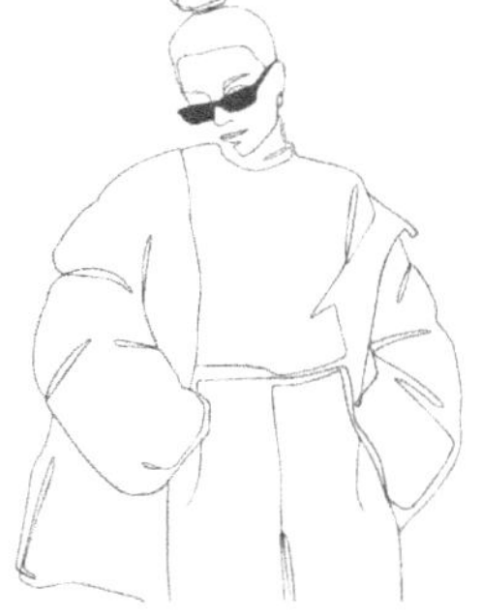

Guía de Práctica de Moda y Notas

Las texturas dan vida a la ropa. Usa esta página para imaginar tejidos, superficies y materiales. Incluso un boceto plano puede sentirse táctil si los detalles son claros.

Cómo usar esta página:
- Dibuja prendas y etiqueta los tejidos (denim, seda, lana, malla).
- Experimenta mezclando texturas ligeras y pesadas.
- Usa notas para describir cómo debe moverse la tela.

Reflexión y notas:
- ¿Qué combinación de tejidos funciona mejor aquí?
- ¿Equilibré textura y silueta?
- ¿Cómo podría mejorar el impacto visual?

Consejo profesional: La textura es el ingrediente secreto que hace que los atuendos sean memorables.

Inspiración de Atuendos: Streetwear

Streetwear en Tonos Neutros

No todo el streetwear es llamativo. Los tonos neutros minimalistas (negro, beige, gris, blanco) representan una dirección poderosa. Estos atuendos se centran en formas limpias y capas sencillas.

Piensa en joggers beige, crop tops negros, abrigos grises oversize y zapatillas blancas. Los accesorios se mantienen sutiles: gorras, mochilas pequeñas, joyas mínimas.

Ejercicio de dibujo: diseña un conjunto streetwear monocromático y añade un solo elemento contrastante (por ejemplo, un cinturón rojo o zapatos neón) para observar cómo el acento transforma toda la vibra.

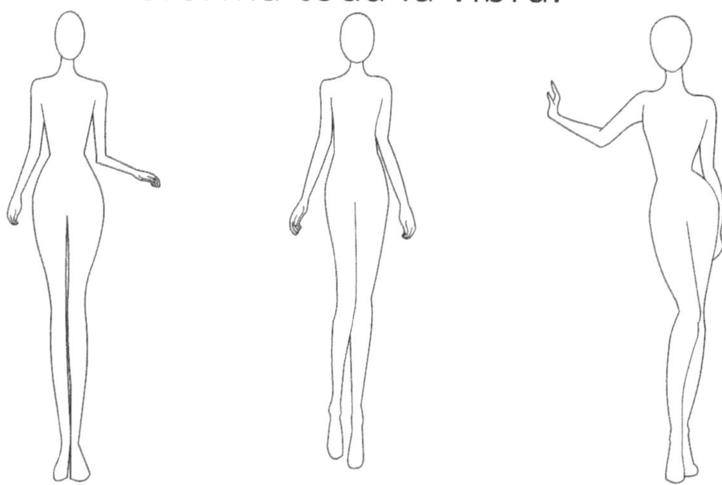

Tendencias

Inspiración

Textiles

Notas

Detalles

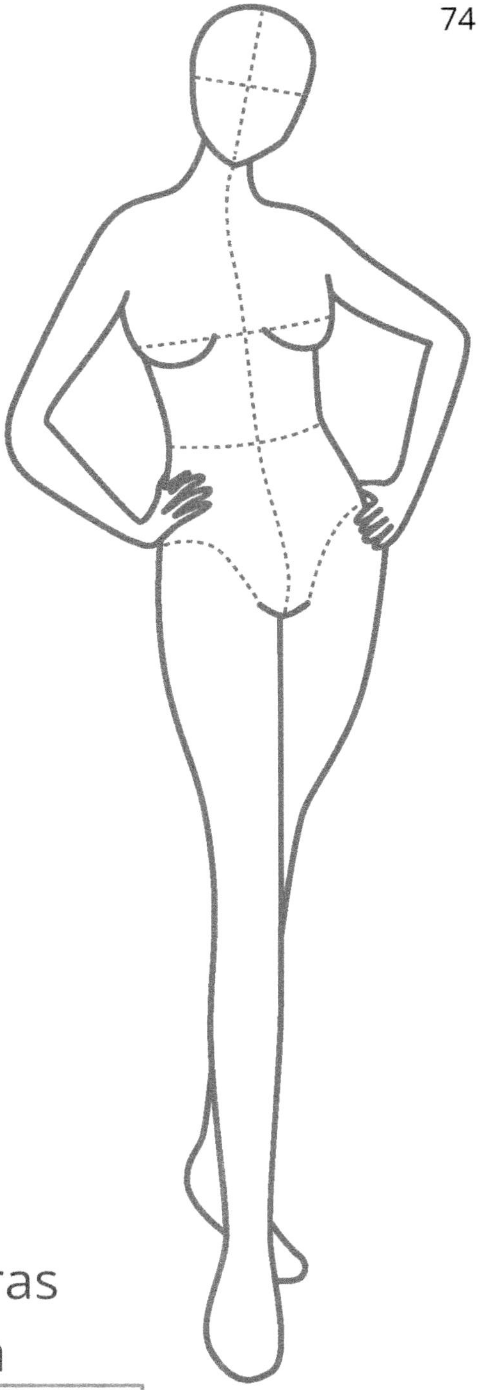

Muestras
de Tela

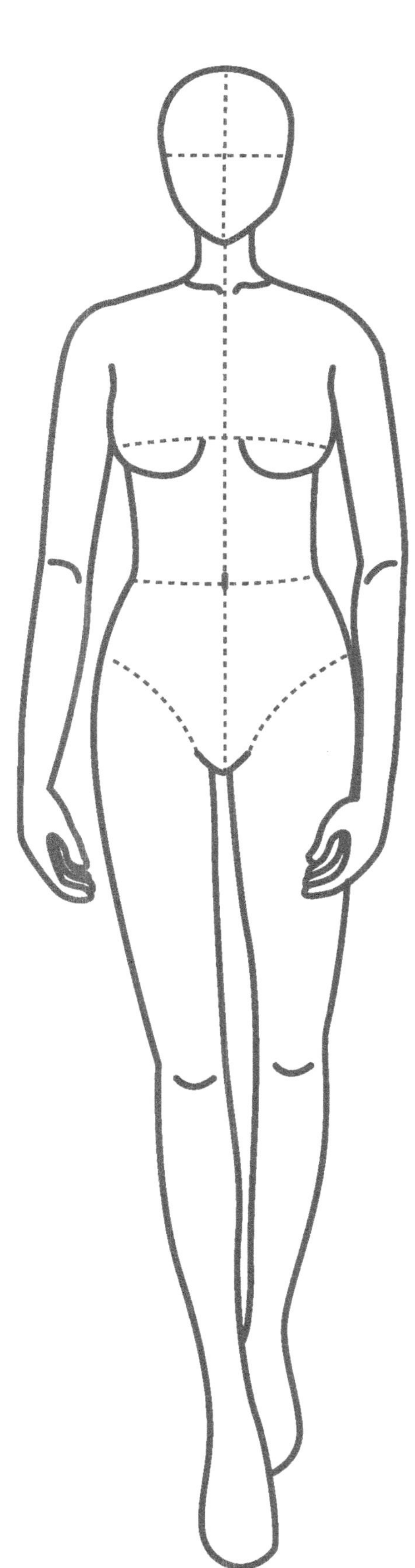
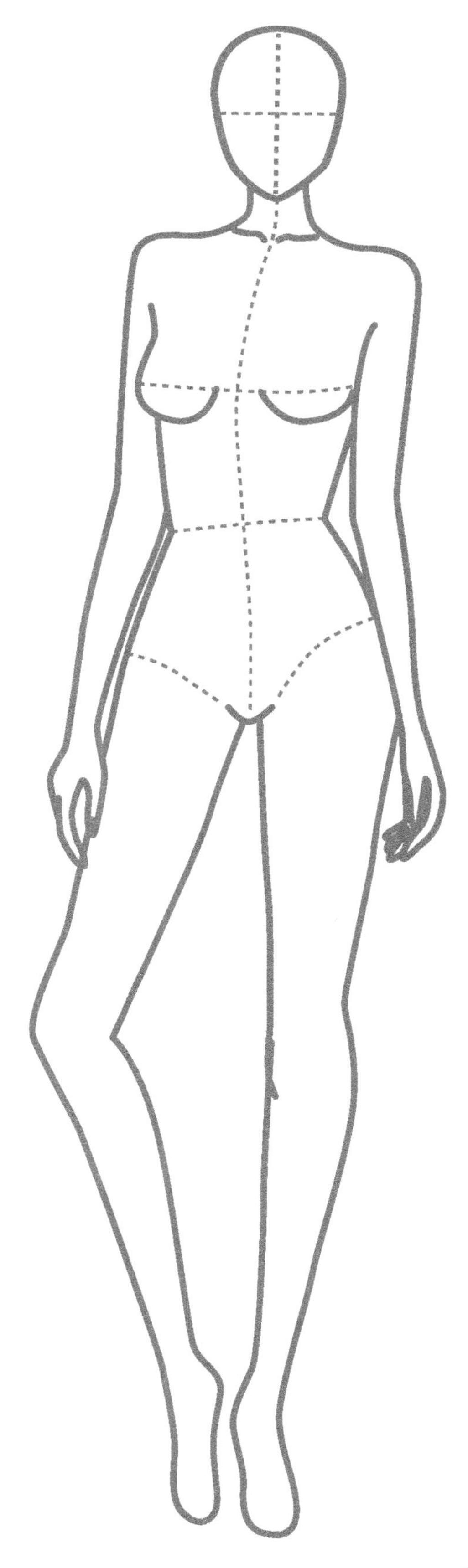

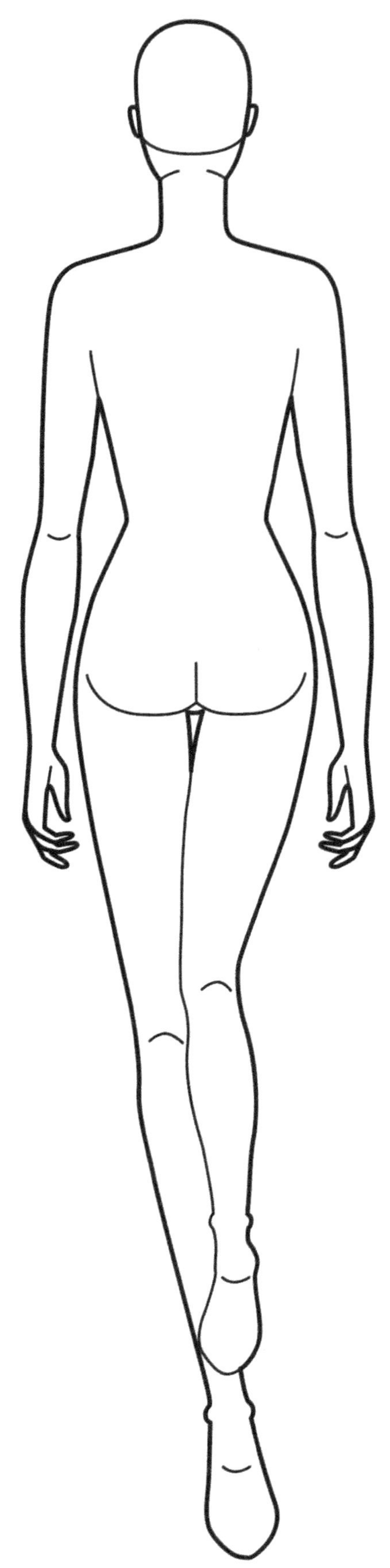
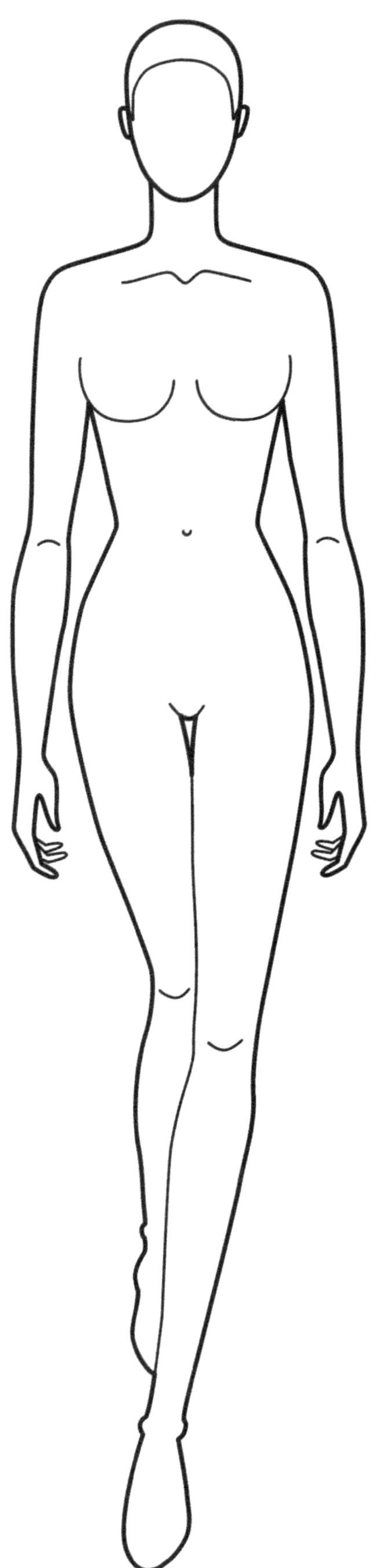

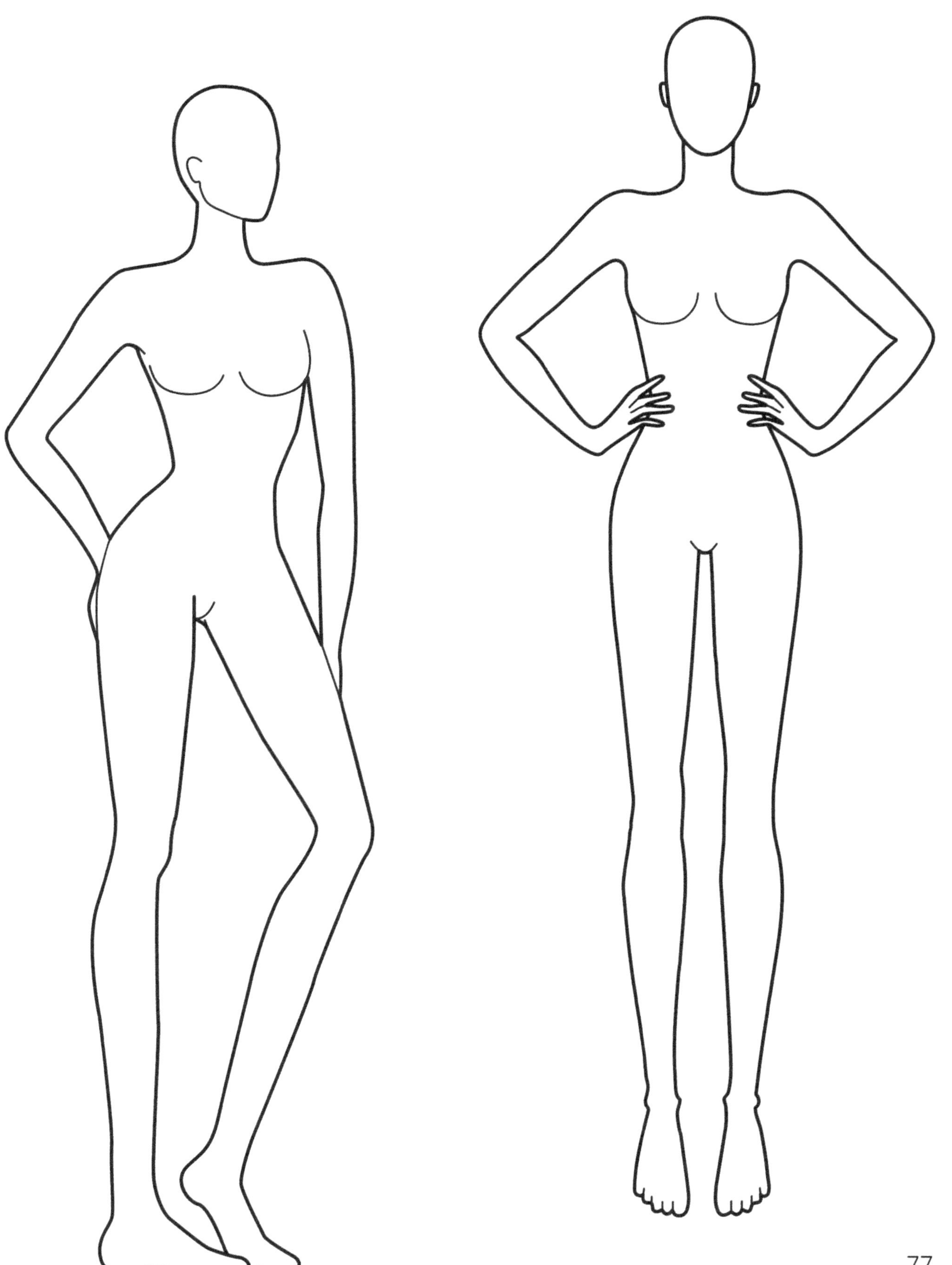

Tus Notas y Fotos de Inspiración

Esta página es tu galería creativa. Úsala para seguir tu progreso, recopilar tus diseños favoritos y reflexionar sobre tu evolución.

- Añade bocetos, fotos de inspiración o recortes para dar vida a tus ideas de moda.
- Escribe detalles como colores, tejidos o elementos del atuendo que te inspiraron.
- Deja espacio para que tu "yo futuro" compare cómo ha cambiado tu estilo.

Consejo profesional*: Una sola imagen o muestra de tela puede inspirar toda una colección. ¡No temas guardar incluso los detalles más pequeños que te inspiren!*

Inspiración de Atuendos: Office Chic y Glamour de Pasarela

Estilo Monocromático de Oficina y Glamour Minimalista

Inspiración Office Chic

Un look monocromático transmite cohesión al instante. Elige una familia de color — todo beige, todo gris o todo azul marino — y juega con distintas texturas. Una falda de lana, blusa de seda y cinturón de cuero en tonos coordinados elevan el conjunto sin hacerlo llamativo. La joyería mínima refuerza la sofisticación.

Inspiración Runway Glam

El glamour minimalista celebra la simplicidad. Vestidos largos con líneas puras, sin exceso de adornos y en colores sólidos y potentes como esmeralda o cobalto generan un efecto impactante. Combina con un solo accesorio protagonista, como pendientes largos o un bolso escultural. Menos es más, pero el impacto es inolvidable.

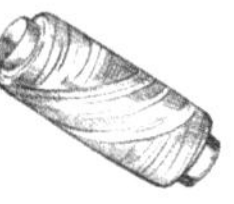
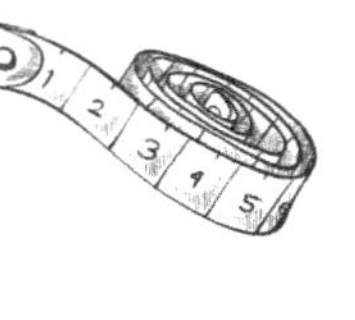

Guía de Práctica de Moda y Notas

Los accesorios pueden transformar por completo un atuendo. Usa esta página para probar cómo bolsos, calzado o joyería realzan tu boceto.

Cómo usar esta página:

- Empieza con un conjunto base sencillo.
- Añade 2-3 combinaciones distintas de accesorios.
- Anota cuál versión se siente más fuerte.

Reflexión y notas:

- ¿Qué accesorio aportó más carácter?
- ¿Los accesorios dominaron o complementaron el atuendo?
- ¿Cómo podría equilibrar mejor prenda y complemento?

Consejo profesional: Los accesorios son pequeños detalles que crean grandes declaraciones.

Inspiración de Atuendos: Streetwear

Streetwear con Toques Femeninos

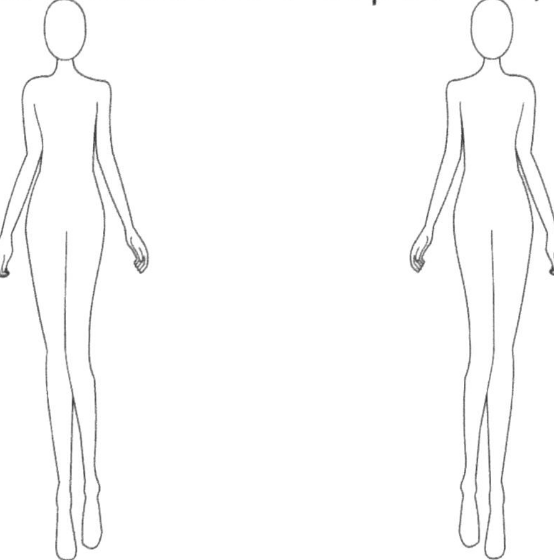

El streetwear no tiene por qué ser "masculino". Añadir detalles femeninos genera equilibrio: faldas con zapatillas, vestidos lenceros sobre camisetas o sudaderas oversize con calcetas altas.

Inspiración de tejidos: faldas de satén con chaquetas tipo bomber, tops de encaje con shorts de mezclilla. Combinar texturas duras y suaves crea un estilo fresco y único.

Reto de boceto: diseña un atuendo que incluya un elemento femenino (como una falda) y una prenda clásica del streetwear (como una sudadera o zapatillas).

Tendencias

Inspiración

Textiles

Notas

Detalles

Muestras
de Tela

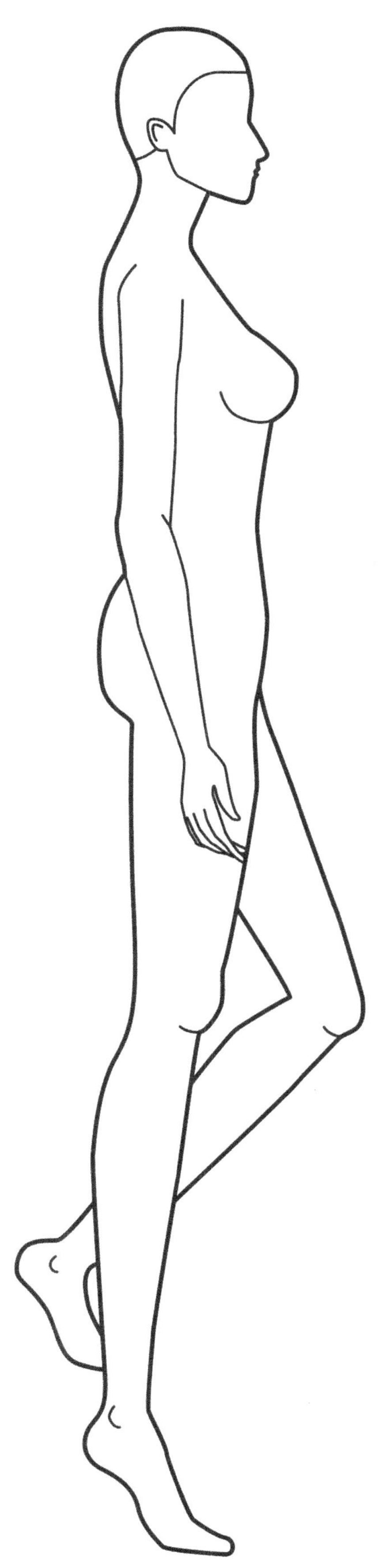 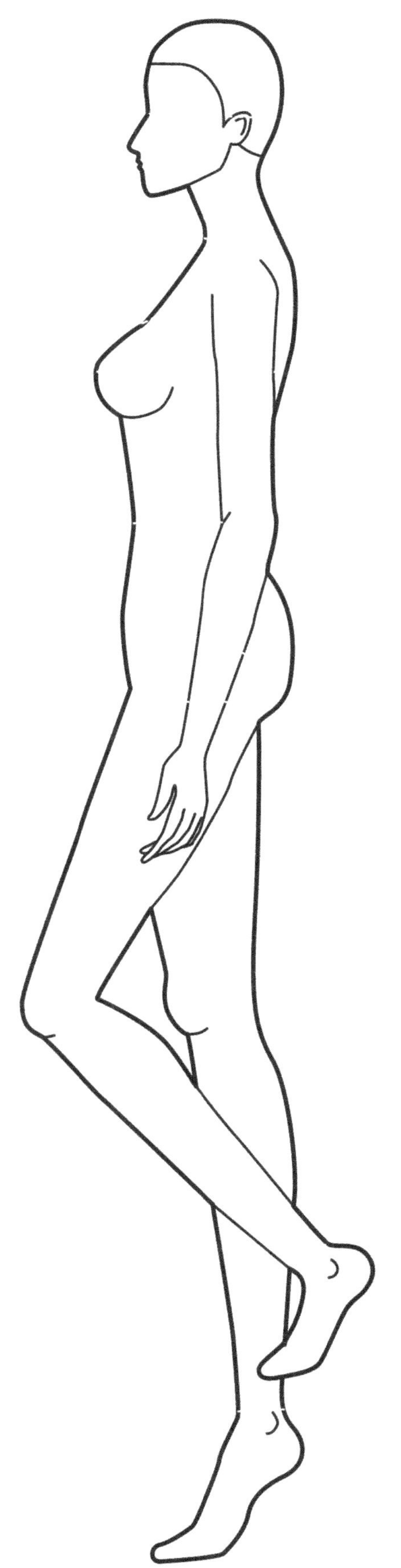

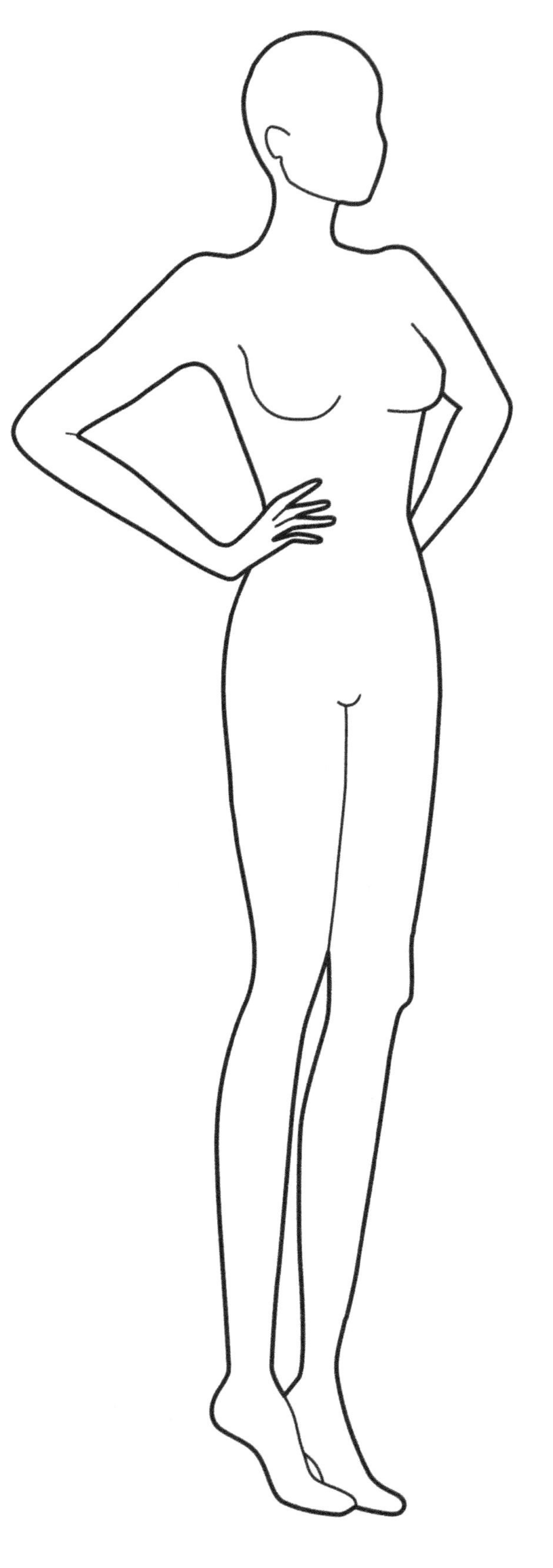
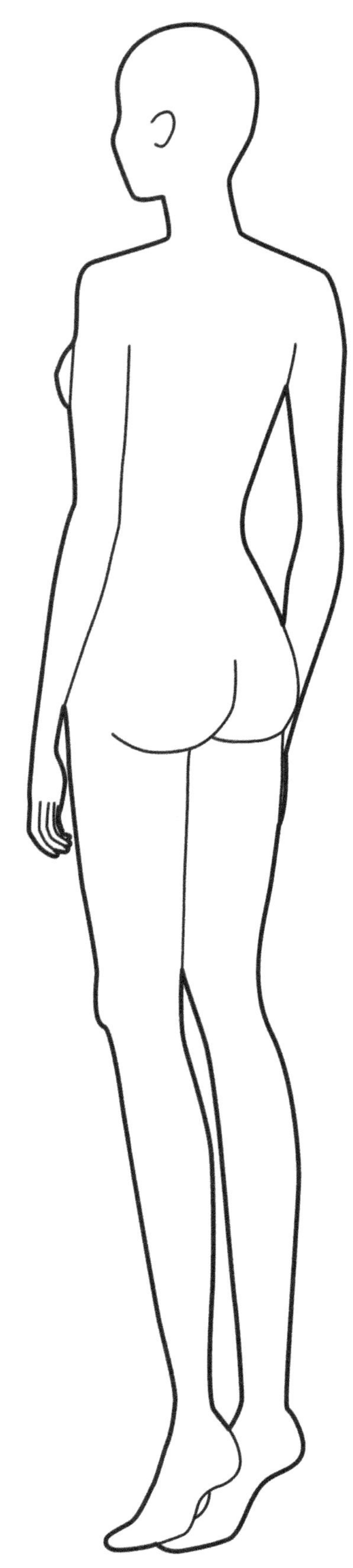

Tus Notas y Fotos de Inspiración

Esta página es tu galería creativa. Úsala para seguir tu progreso, recopilar tus diseños favoritos y reflexionar sobre tu evolución.

- Añade bocetos, fotos de inspiración o recortes para dar vida a tus ideas de moda.
- Escribe detalles como colores, tejidos o elementos del atuendo que te inspiraron.
- Deja espacio para que tu "yo futuro" compare cómo ha cambiado tu estilo.

Consejo profesional: *Una sola imagen o muestra de tela puede inspirar toda una colección. ¡No temas guardar incluso los detalles más pequeños que te inspiren!*

Inspiración de Atuendos: Office Chic y Glamour de Pasarela

Feminidad Moderna y Elegancia Futurista

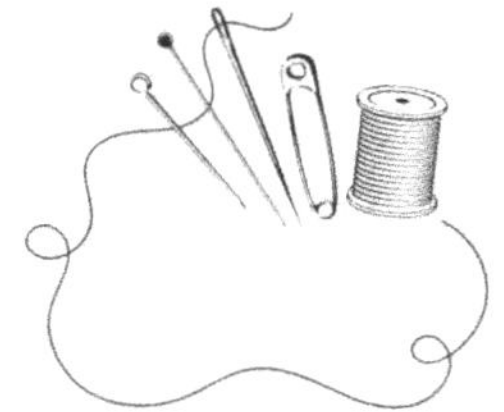

Inspiración Office Chic

Actualiza los básicos de oficina con toques femeninos. Una blusa con volantes suaves, una falda plisada o pantalones en tonos pastel aportan frescura al vestuario laboral. Combínalos con calzado neutro y accesorios discretos para mantener el equilibrio. El resultado es profesional pero con un sello personal.

Inspiración Runway Glam

La elegancia futurista combina innovación y gracia. Piensa en tejidos fluidos con acentos metálicos. Los vestidos con corsés estructurados y faldas vaporosas crean contraste entre rigidez y suavidad. Accesorios como cinturones cromados o joyería escultórica completan la estética de alta costura.

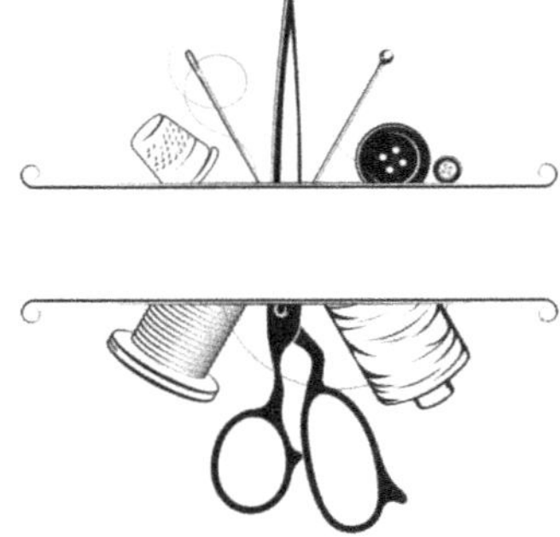

Guía de Práctica de Moda y Notas

Cada boceto es una oportunidad para perfeccionar proporciones. Esta página es tu campo de entrenamiento para el equilibrio corporal y el ajuste de las prendas.

Cómo usar esta página:

- Concéntrate en las proporciones del cuerpo (longitud del torso, piernas, brazos).
- Ajusta cómo cae la ropa de forma natural sobre la figura.
- Añade notas sobre el ajuste: suelto, entallado, oversize.

Reflexión y notas:

- ¿Fui precisa con las proporciones hoy?
- ¿Qué parte del boceto se siente más equilibrada?
- ¿Cómo puedo mejorar la próxima vez?

Consejo profesional: *Las proporciones sólidas son la base del gran diseño.*

Inspiración de Atuendos: Streetwear

El Estilo Utilitario

El streetwear a menudo toma inspiración del vestuario de trabajo y militar. Pantalones cargo, chalecos tácticos, bolsillos grandes y cinturones con hebillas incorporan funcionalidad en la moda.

Los colores tienden al caqui, verde oliva, negro o estampado camuflaje. Accesorios como botas de combate, sombreros tipo bucket o bolsos cruzados completan el look.

Idea de boceto: prueba con un top corto combinado con pantalones cargo oversize y un chaleco táctico. Añade botas robustas para completar la estética utilitaria.

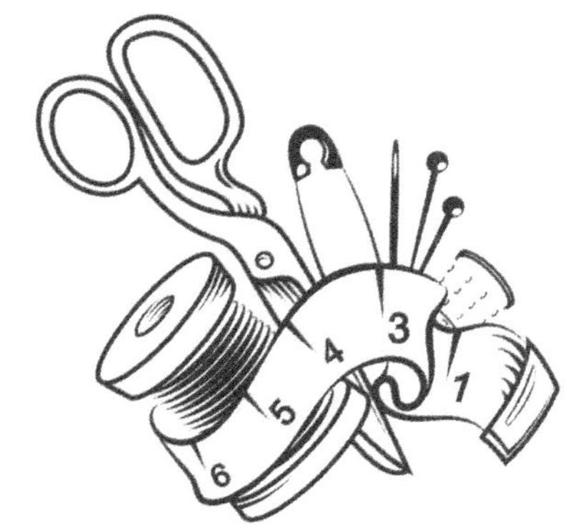

Tendencias

Inspiración

Textiles

Notas

Detalles

Muestras de Tela

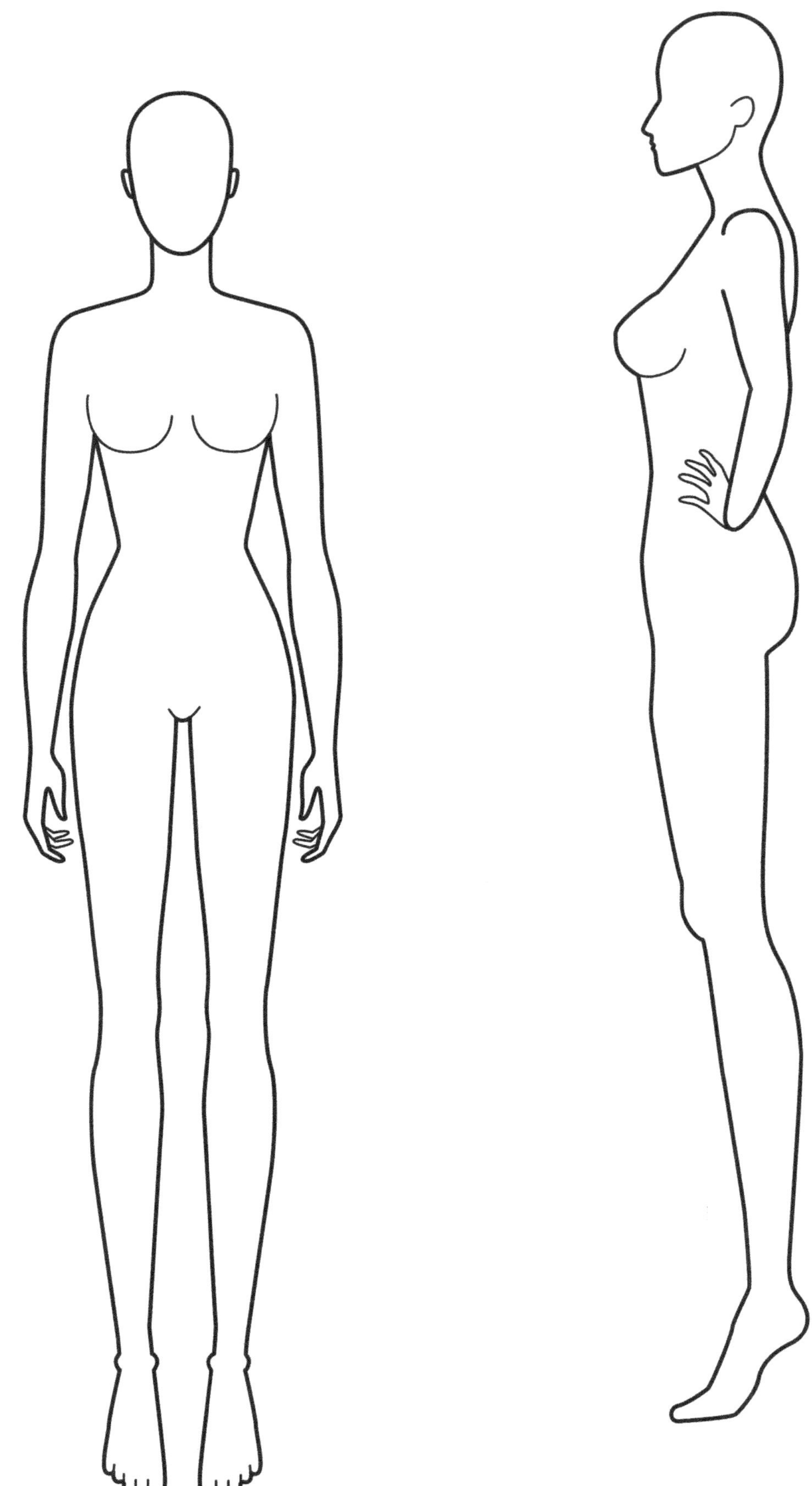

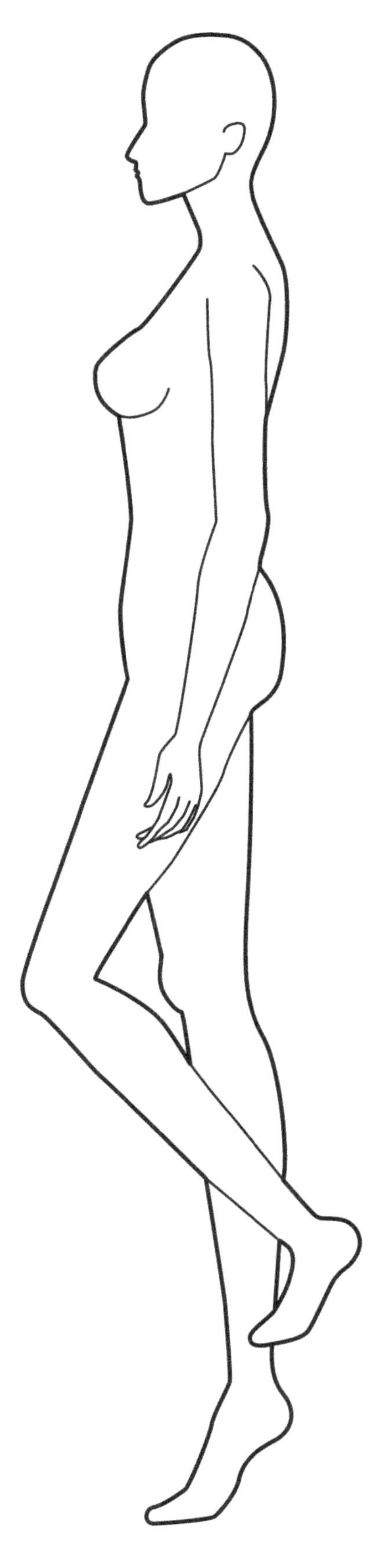
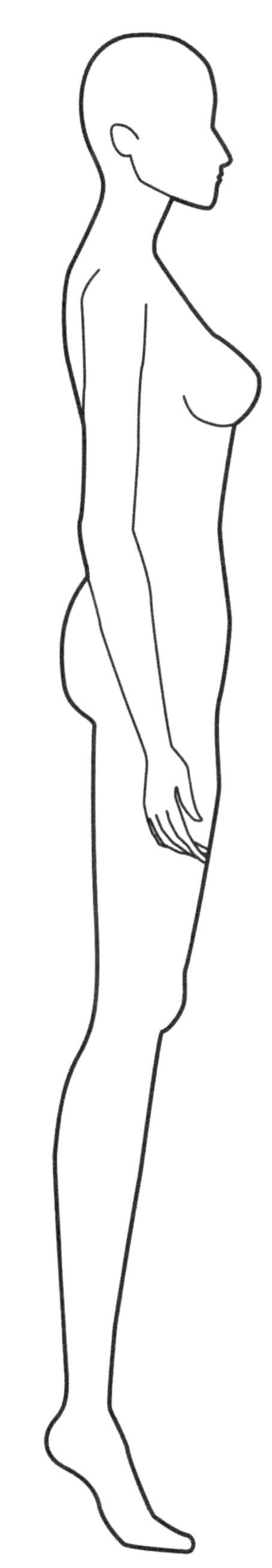

Tus Notas y Fotos de Inspiración

Esta página es tu galería creativa. Úsala para seguir tu progreso, recopilar tus diseños favoritos y reflexionar sobre tu evolución.

- Añade bocetos, fotos de inspiración o recortes para dar vida a tus ideas de moda.
- Escribe detalles como colores, tejidos o elementos del atuendo que te inspiraron.
- Deja espacio para que tu "yo futuro" compare cómo ha cambiado tu estilo.

Consejo profesional: Una sola imagen o muestra de tela puede inspirar toda una colección. ¡No temas guardar incluso los detalles más pequeños que te inspiren!

Inspiración de Atuendos:
Office Chic y Glamour de Pasarela

Equilibrio Smart-Casual y Brillo de Festival

Inspiración Office Chic

El estilo smart-casual logra el punto medio perfecto. Combina pantalones tipo cigarrillo con un top de punto o una blusa metida. Añade un blazer corto y completa con zapatos planos o botines. Este equilibrio funciona bien para reuniones creativas o días donde la comodidad es clave.

Inspiración Runway Glam

El glamour de festival se alimenta del brillo. Lentejuelas, purpurina y tejidos holográficos dominan. Faldas en capas, tops adornados y paletas de color vibrantes transmiten energía festiva. Accesorios como tocados con plumas o gafas espejadas llevan el look a un nivel divertido y expresivo.

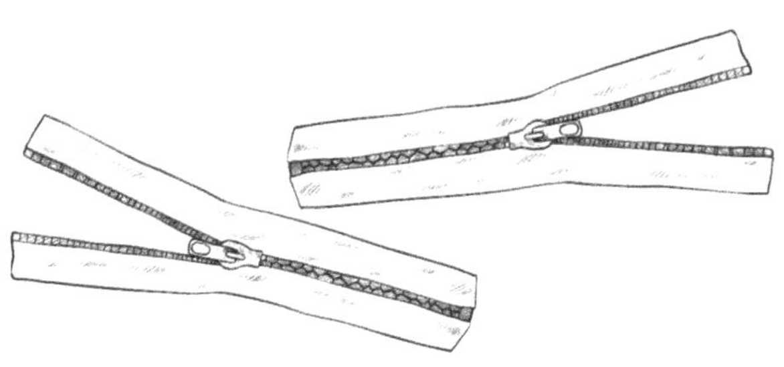

Guía de Práctica de Moda y Notas

El color crea estado de ánimo. Usa esta página para experimentar con distintas paletas y ver cómo transforman el mismo diseño.

Cómo usar esta página:
- Dibuja un atuendo y aplica 2-3 esquemas de color diferentes.
- Etiqueta las elecciones cromáticas (cálido, frío, monocromático).
- Anota cómo cambia la sensación con cada paleta.

Reflexión y notas:
- ¿Qué paleta expresó mejor mi idea?
- ¿Los colores armonizaron o chocaron?
- ¿Cómo reutilizaría esta paleta en otro diseño?

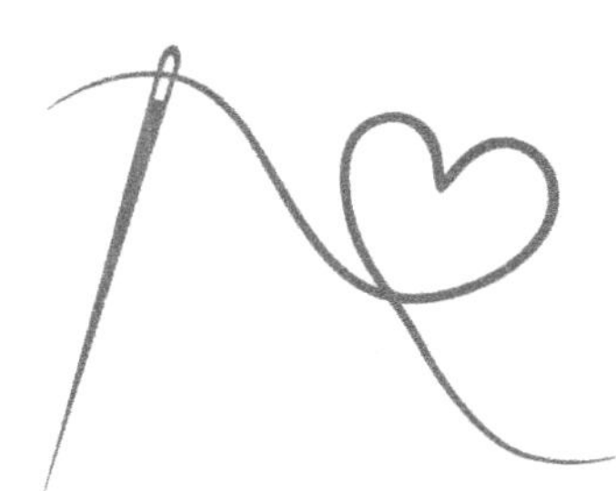

Consejo profesional: *La paleta correcta hace que tu diseño sea inolvidable.*

Inspiración de Atuendos: Streetwear

Revival del Streetwear Vintage

El streetwear suele reinterpretar la moda de décadas pasadas — especialmente los 80, 90 y principios de los 2000. Chaquetas de mezclilla oversize, camisetas tie-dye, camisas de cuadros o gorros tipo bucket regresan con fuerza.

Reto de diseño: recrea un look vintage con un toque moderno. Tal vez una sudadera tie-dye con zapatillas contemporáneas, o jeans anchos con crop top y gafas llamativas.

Consejo profesional: *La moda urbana es cíclica: lo que ayer parecía "anticuado" hoy vuelve a ser tendencia.*

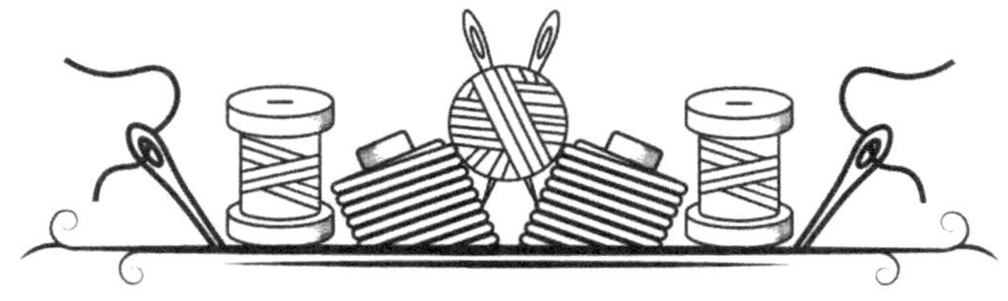

Tendencias

Inspiración

Textiles

Notas

Detalles

Muestras
de Tela

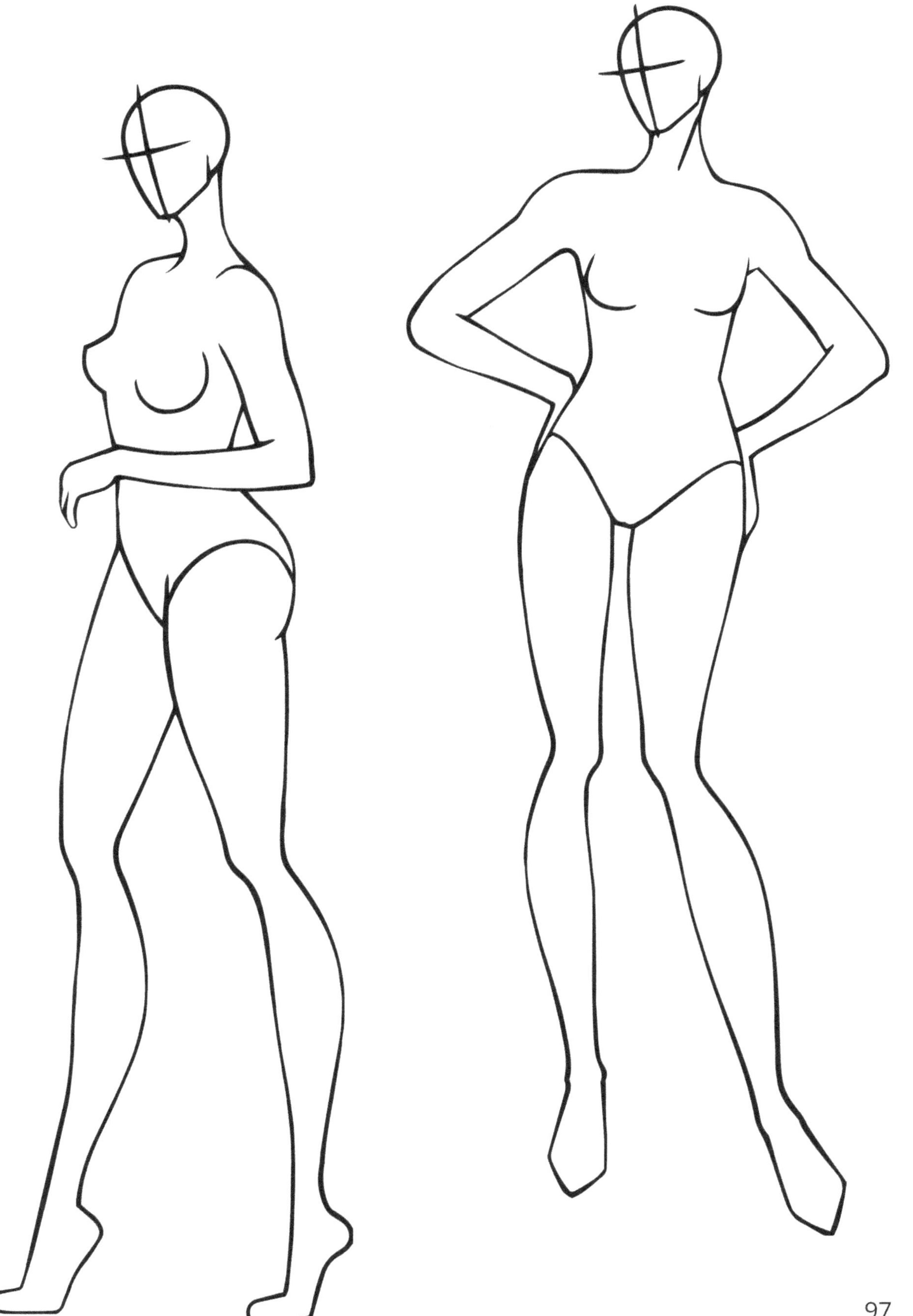

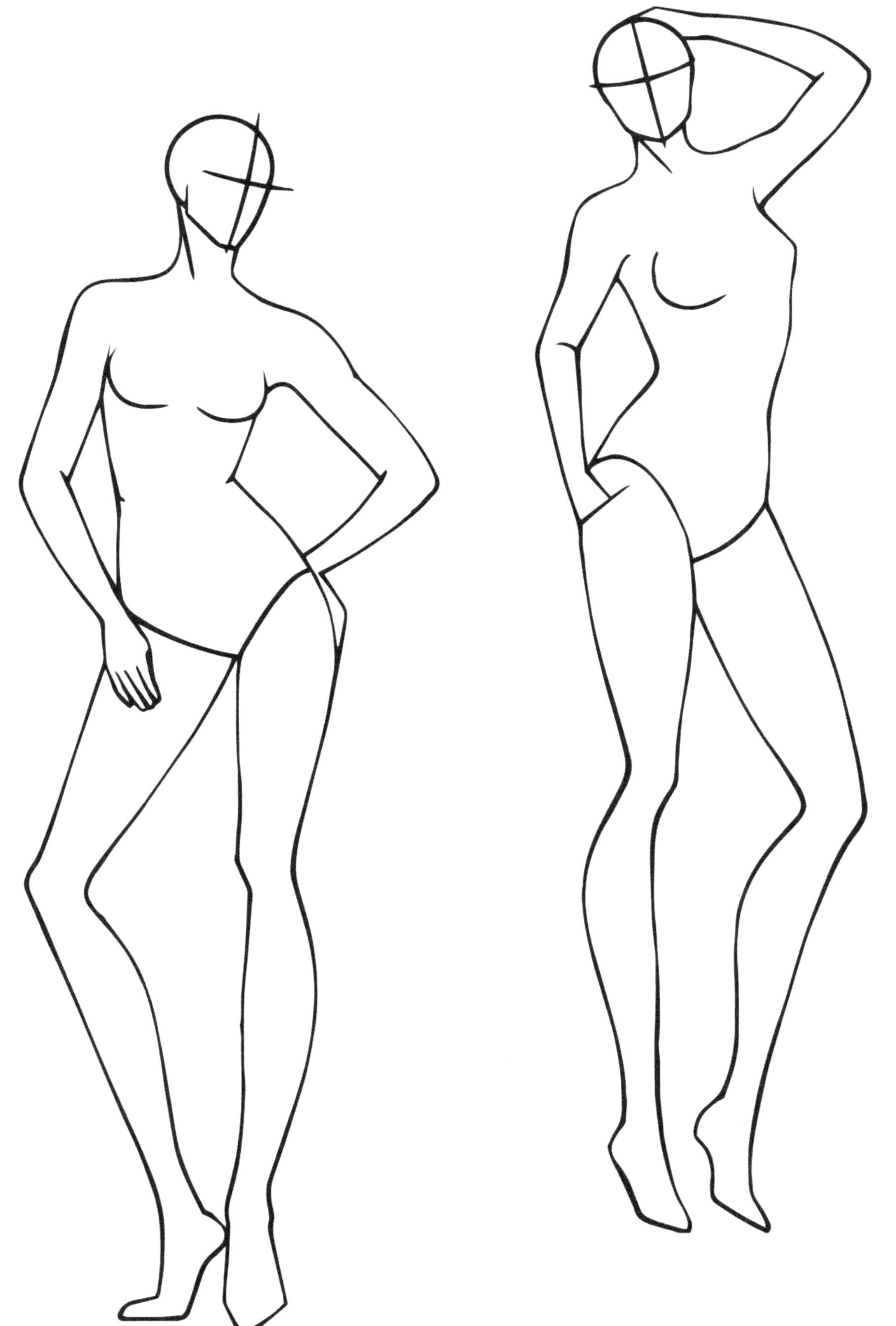

Tus Notas y Fotos de Inspiración

Esta página es tu galería creativa. Úsala para seguir tu progreso, recopilar tus diseños favoritos y reflexionar sobre tu evolución.

- Añade bocetos, fotos de inspiración o recortes para dar vida a tus ideas de moda.
- Escribe detalles como colores, tejidos o elementos del atuendo que te inspiraron.
- Deja espacio para que tu "yo futuro" compare cómo ha cambiado tu estilo.

Consejo profesional: Una sola imagen o muestra de tela puede inspirar toda una colección. ¡No temas guardar incluso los detalles más pequeños que te inspiren!

Inspiración de Atuendos:
Office Chic y Glamour de Pasarela

Vestido de Oficina Elegante y Alta Costura Sostenible

Inspiración Office Chic

Un vestido elegante para la oficina simplifica las mañanas manteniendo el estilo. Un vestido recto hasta la rodilla en color sólido combinado con una chaqueta corta es ideal. Elige tejidos suaves que permitan movimiento y conserven la estructura. Zapatos neutros y un cinturón delgado completan el conjunto.

Inspiración Runway Glam

La alta costura sostenible explora el lujo con conciencia. Los diseñadores experimentan con seda natural, tejidos de bambú o adornos reciclados. Los vestidos largos con patrones de mínimo desperdicio reflejan belleza e innovación. Mostrar opciones éticas en la pasarela inspira conciencia y admiración.

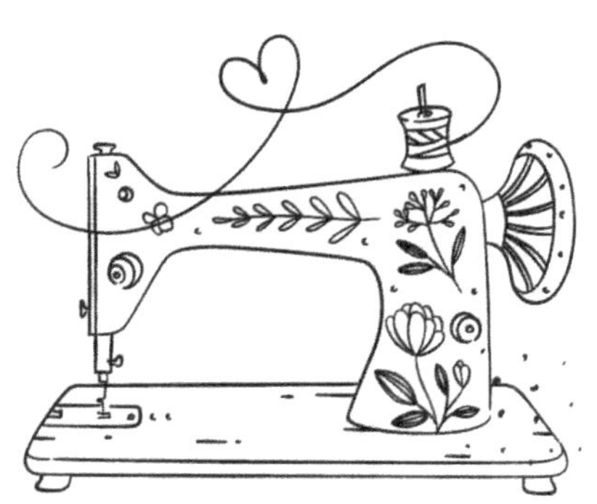

Guía de Práctica de Moda y Notas

Los atuendos son más sólidos cuando forman parte de una colección. Usa esta página para pensar más allá de un solo diseño y dibujar piezas que funcionen juntas.

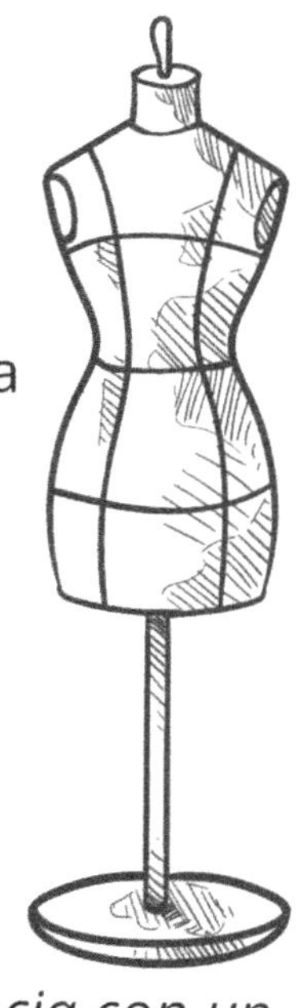

Cómo usar esta página:

- Diseña 2-3 variaciones sobre el mismo tema.
- Mantén un detalle unificador (color, tejido, silueta).
- Añade notas sobre cómo encajan dentro de un guardarropa cápsula.

Reflexión y notas:

- ¿Mis bocetos se sienten parte de una misma colección?
- ¿Qué pieza destaca más?
- ¿Cómo podría mejorar la armonía entre ellas?

Consejo profesional: *Las colecciones fuertes surgen de la coherencia con un toque distintivo.*

Inspiración de Atuendos: Streetwear

Las Zapatillas como Protagonistas

En el streetwear, las zapatillas son mucho más que calzado: son la base del atuendo. A veces, todo el look se construye a partir de ellas.

Ejercicio de diseño: elige un par de zapatillas atrevidas (imagínalas en tonos neón, de caña alta o con suelas gruesas) y diseña el conjunto completo a su alrededor. Tal vez joggers oversize metidos en los calcetines, combinados con una sudadera corta y una bomber superpuesta.

Consejo sobre tejidos: equilibra unas zapatillas llamativas con prendas neutras o combina los detalles (cordones, franjas) con los accesorios para lograr cohesión.

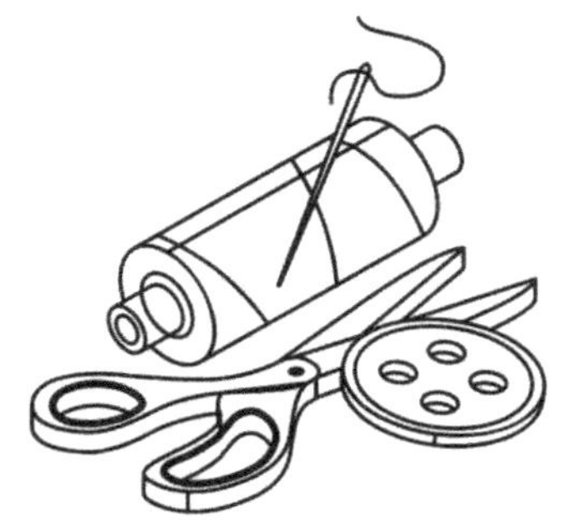

Tendencias

Inspiración

Textiles

Notas

Detalles

Muestras de Tela

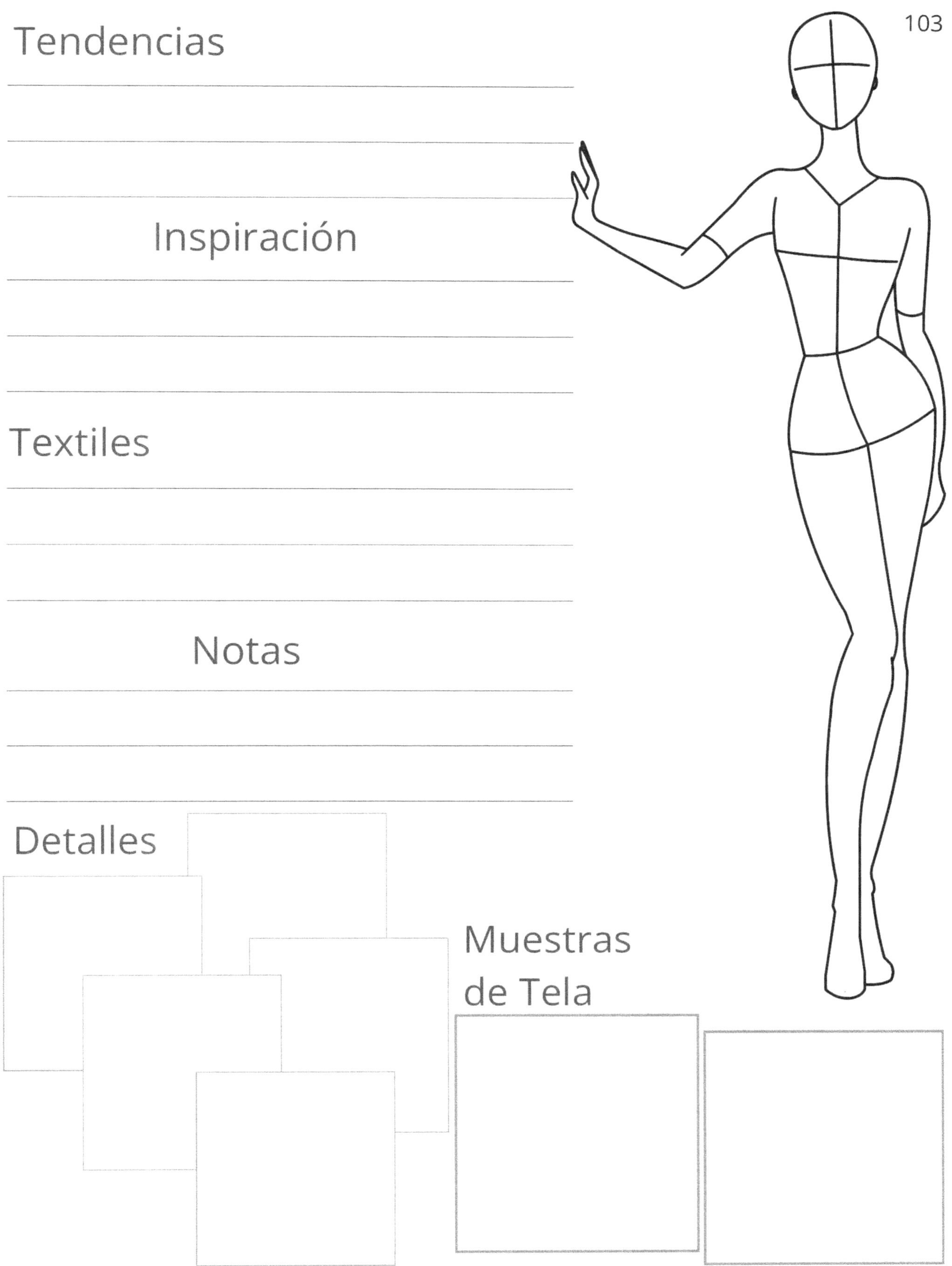

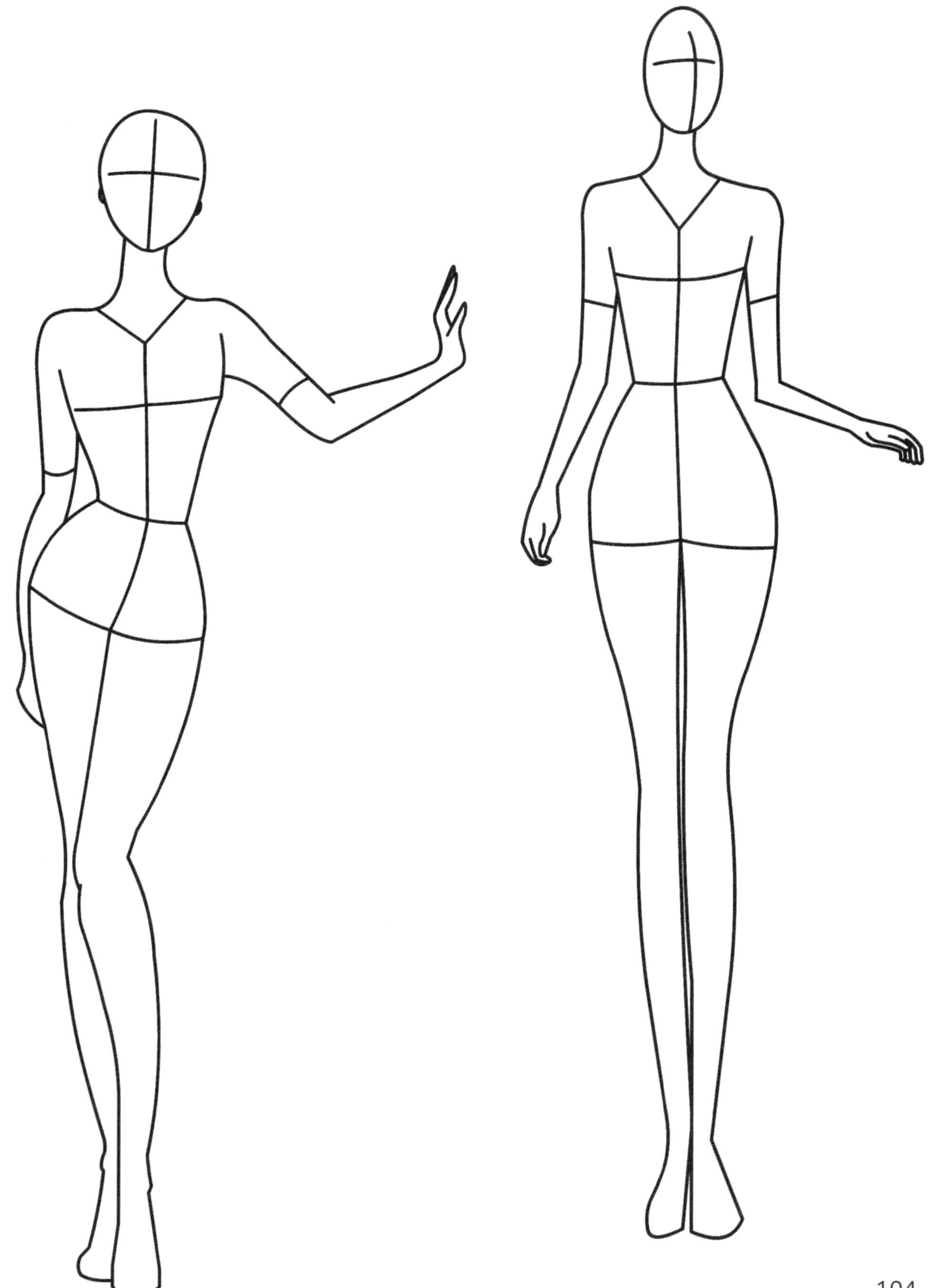

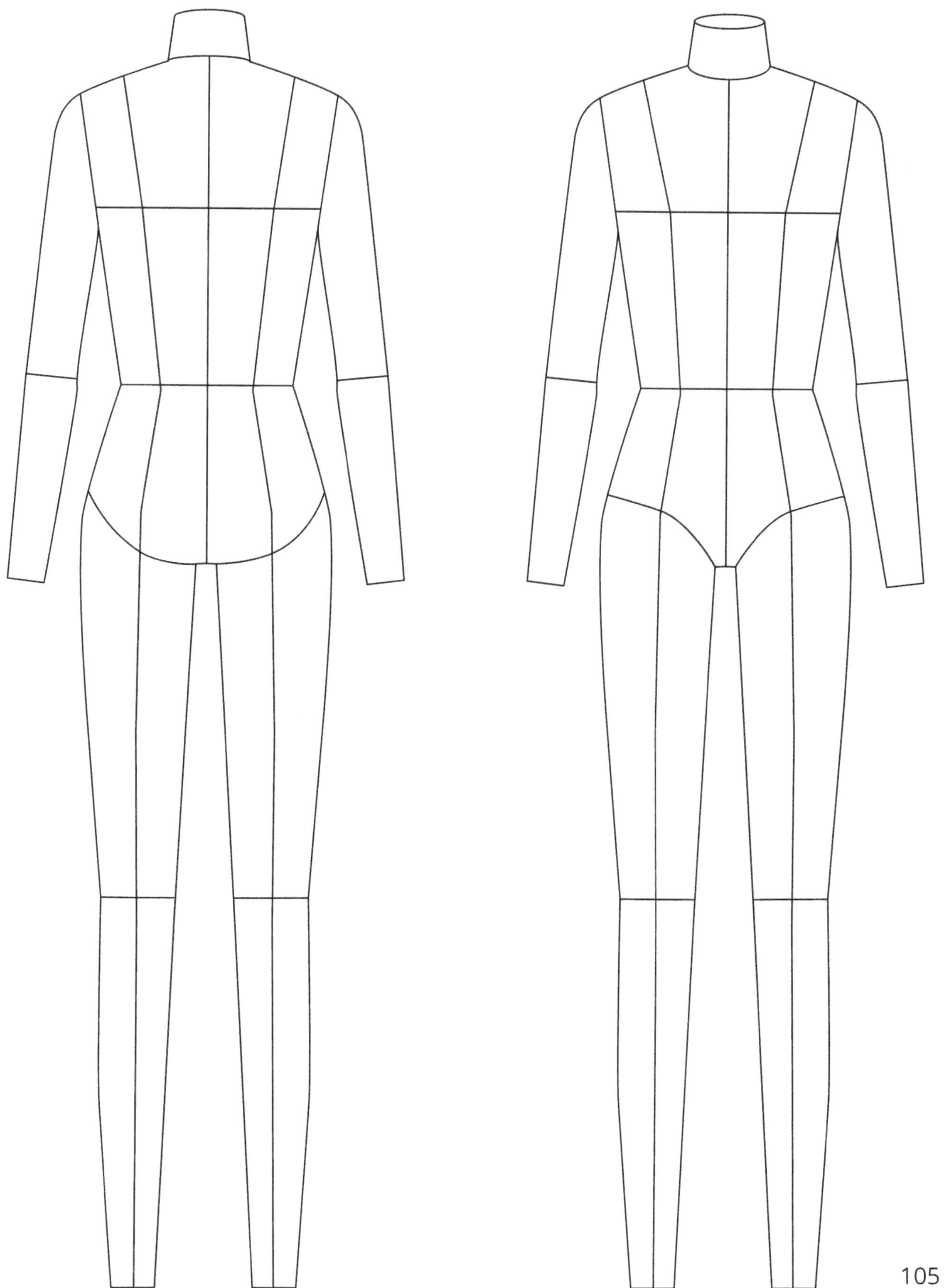

Tus Notas y Fotos de Inspiración

Esta página es tu galería creativa. Úsala para seguir tu progreso, recopilar tus diseños favoritos y reflexionar sobre tu evolución.

- Añade bocetos, fotos de inspiración o recortes para dar vida a tus ideas de moda.
- Escribe detalles como colores, tejidos o elementos del atuendo que te inspiraron.
- Deja espacio para que tu "yo futuro" compare cómo ha cambiado tu estilo.

Consejo profesional: *Una sola imagen o muestra de tela puede inspirar toda una colección. ¡No temas guardar incluso los detalles más pequeños que te inspiren!*

Inspiración de Atuendos:
Office Chic y Glamour de Pasarela

Oficina Adaptada a Tendencias y Estrella Futurista

Inspiración Office Chic

Incorporar tendencias sutiles en la ropa de oficina mantiene el armario actualizado. Los pantalones de pierna ancha, los tonos pastel suaves o los blazers oversize pueden lucir profesionales si se equilibran con neutros. Accesorios como un bolso estructurado tipo crossbody o mocasines modernos completan el look.

Inspiración Runway Glam

Un showstopper futurista exige audacia. Vestidos con detalles LED, tejidos reflectantes o siluetas escultóricas redefinen los límites de la moda. Son piezas creadas para impresionar al público e inspirar conversación.

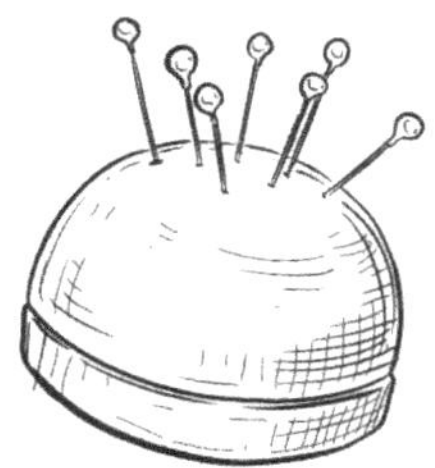

Guía de Práctica de Moda y Notas

 A veces, menos es más. Usa esta página para poner a prueba el minimalismo: líneas limpias, pocos detalles y enfoque en la silueta.

Cómo usar esta página:
- Dibuja un atuendo con no más de tres elementos clave.
- Concéntrate en la proporción y los espacios negativos.
- Anota cómo la simplicidad cambia la sensación del diseño.

Reflexión y notas:
- ¿La simplicidad hizo más fuerte el diseño?
- ¿Qué detalle tiene mayor peso visual?
- ¿Qué quitaría o mantendría la próxima vez?

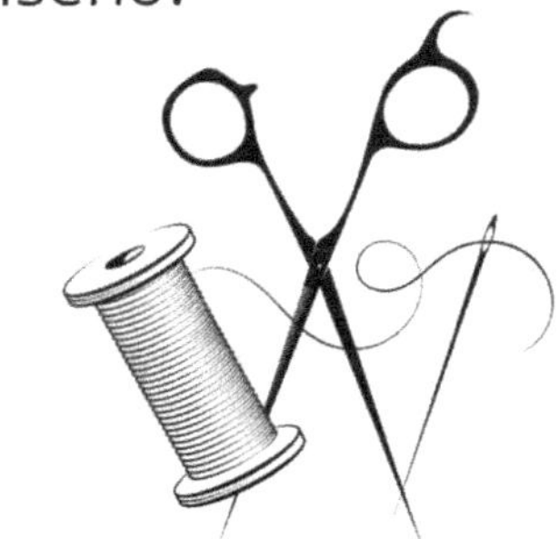

Consejo profesional: *El minimalismo puede hablar más alto que el exceso.*

Inspiración de Atuendos: Streetwear

Accesorios Urbanos que Destacan

Los accesorios a menudo definen el streetwear. Sombreros tipo bucket, gafas grandes, cadenas gruesas, riñoneras y gorros son los toques finales que hacen un atuendo memorable.

Reto de dibujo: diseña una base sencilla y eleva el conjunto con 2-3 accesorios llamativos. Observa cómo los complementos pueden transformar una prenda mínima en un look completo de streetwear.

Consejo profesional: Los accesorios son la forma más rápida de probar tendencias sin cambiar todo el atuendo.

Tendencias

Inspiración

Textiles

Notas

Detalles

Muestras
de Tela

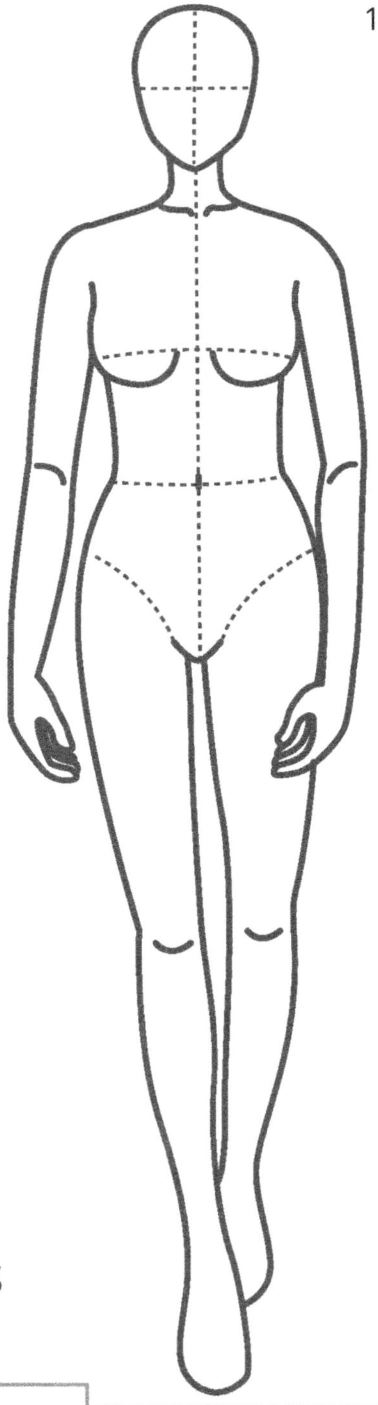

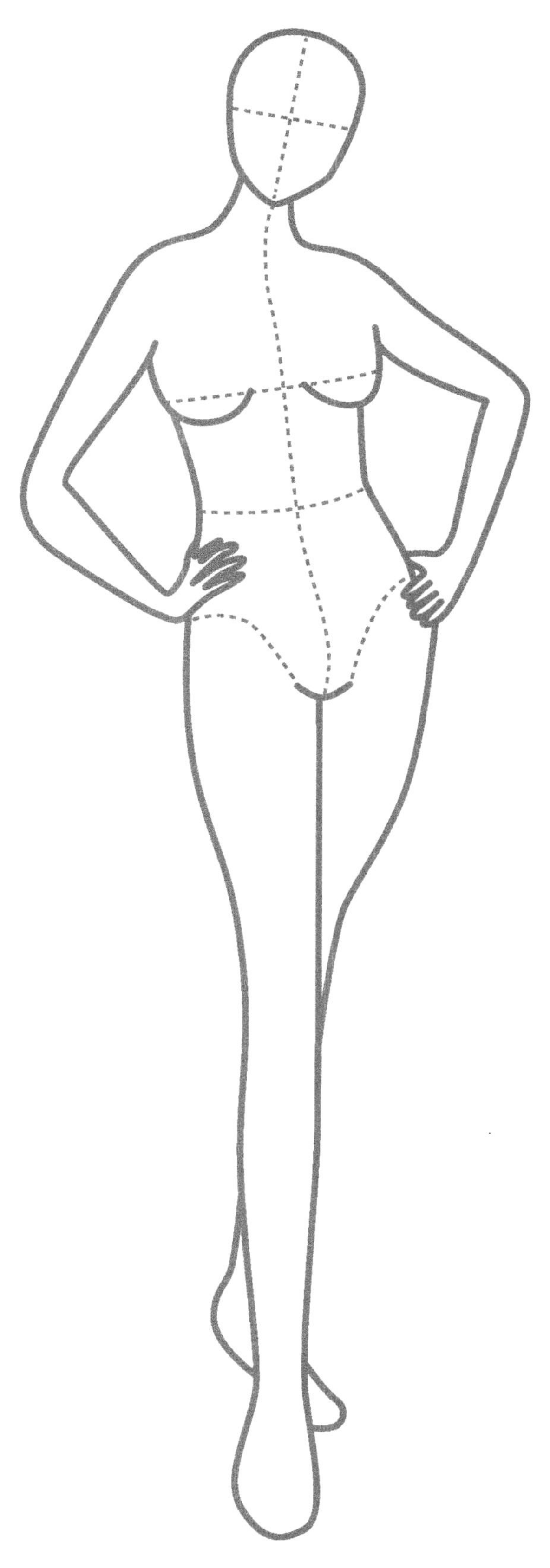
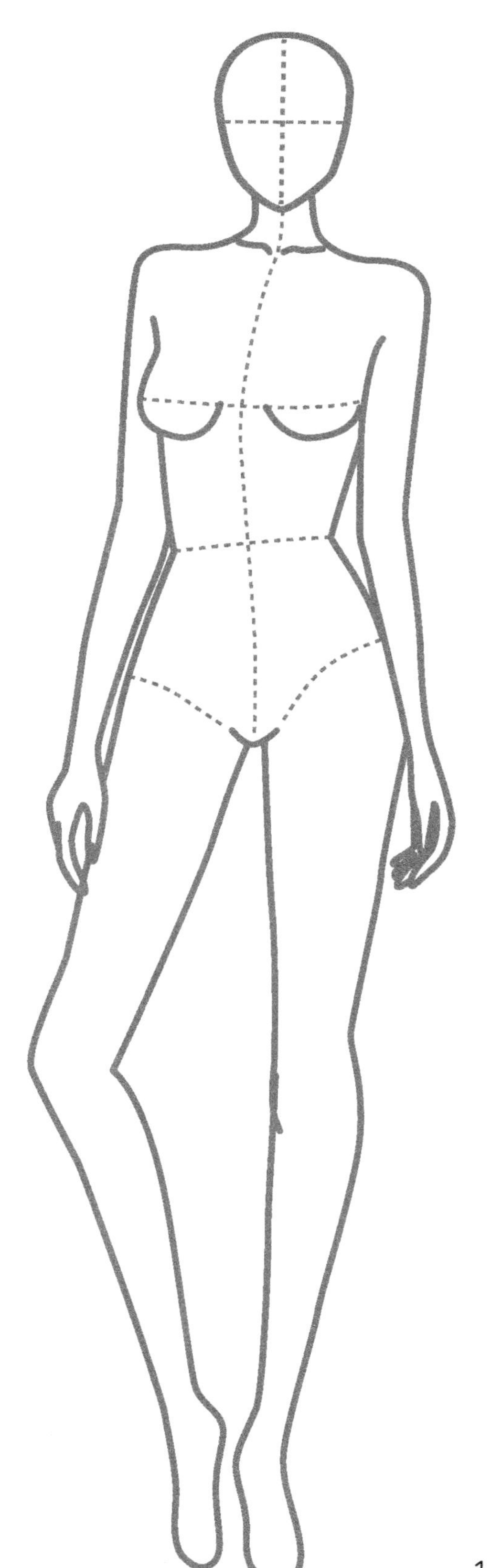

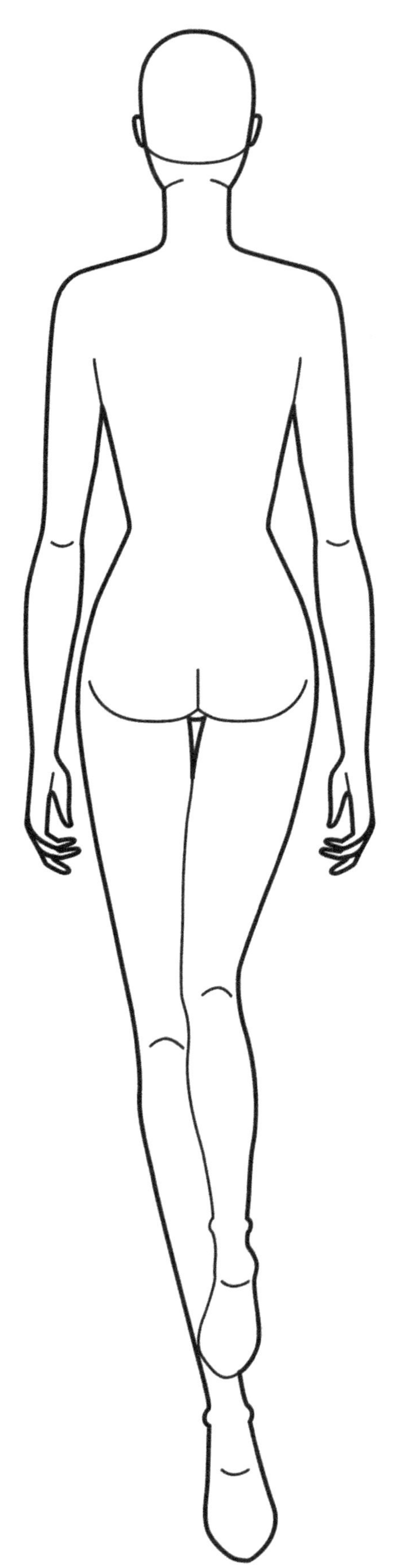
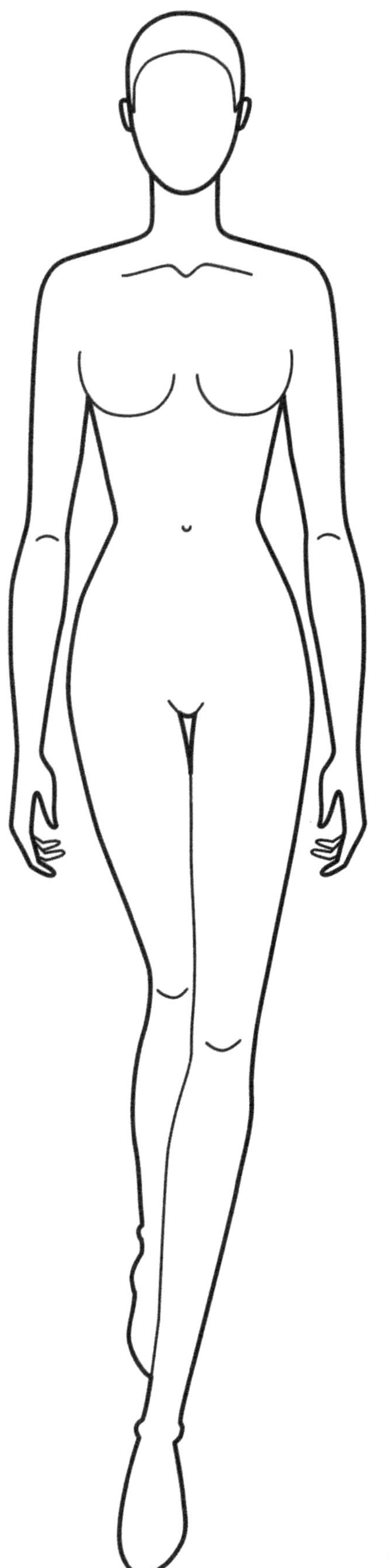

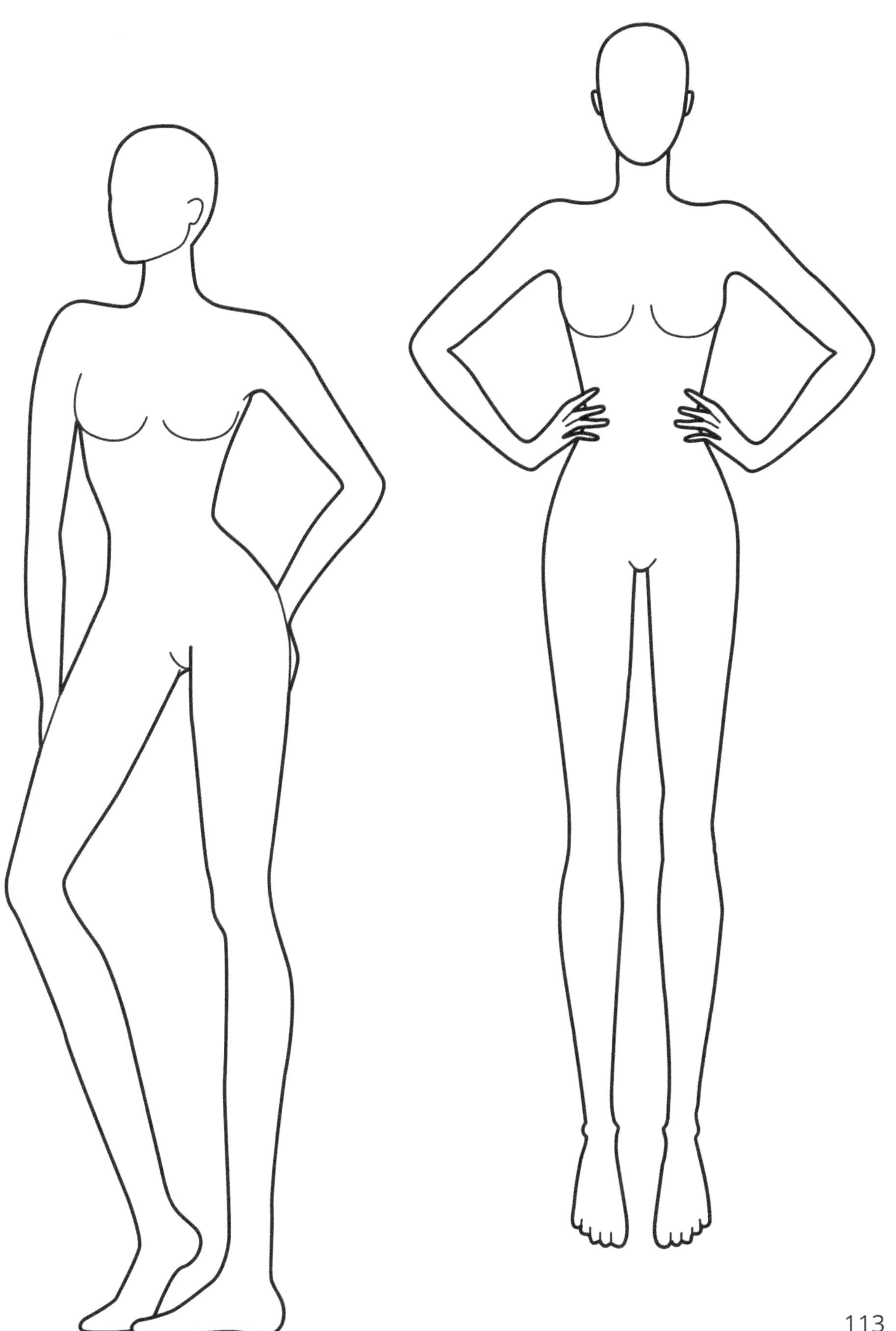

Tus Notas y Fotos de Inspiración

Esta página es tu galería creativa. Úsala para seguir tu progreso, recopilar tus diseños favoritos y reflexionar sobre tu evolución.

- Añade bocetos, fotos de inspiración o recortes para dar vida a tus ideas de moda.
- Escribe detalles como colores, tejidos o elementos del atuendo que te inspiraron.
- Deja espacio para que tu "yo futuro" compare cómo ha cambiado tu estilo.

Consejo profesional*: Una sola imagen o muestra de tela puede inspirar toda una colección. ¡No temas guardar incluso los detalles más pequeños que te inspiren!*

Inspiración de Atuendos: Office Chic y Glamour de Pasarela

Capas de Oficina y Clásico de Alfombra Roja

Inspiración Office Chic

Superponer prendas transforma los básicos de oficina en conjuntos sofisticados y con profundidad. Combina un cuello alto bajo un vestido sin mangas o una blusa bajo un mono estructurado. Bufandas, cinturones y blazers añaden interés sin perder profesionalismo. Las capas inteligentes son prácticas y elegantes.

Inspiración Runway Glam

El clásico glamour de alfombra roja nunca falla: vestidos largos, tejidos ricos como terciopelo o satén y drapeados elegantes. Combina con tacones altos, recogidos pulidos y joyas brillantes. Su atractivo atemporal garantiza sofisticación y elegancia en cada paso.

Guía de Práctica de Moda y Notas

Esta página está dedicada a la reflexión y la celebración. Observa tus bocetos anteriores y valora cuánto has avanzado. Úsala para registrar aprendizajes y definir tu próximo objetivo.

Cómo usar esta página:

- Resume lo que has aprendido hasta ahora.
- Dibuja un diseño que represente tu progreso.
- Escribe qué quieres explorar a continuación.

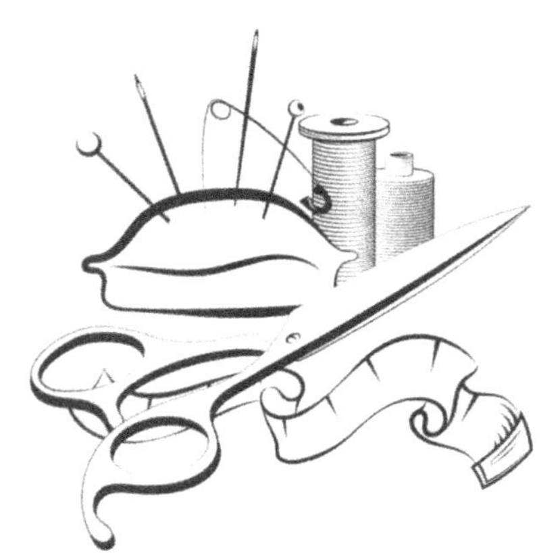

Reflexión y notas:

- ¿Cuál fue mi mayor mejora?
- ¿Qué técnica quiero dominar?
- ¿Cuál será mi próximo reto de diseño?

Consejo profesional: *Cada página es prueba de tu crecimiento. Siéntete orgullosa de tu camino.*

Inspiración de Atuendos: Streetwear

Streetwear como Expresión Personal

En esencia, el streetwear trata de identidad personal. No se trata de copiar tendencias, sino de mezclar elementos para contar tu propia historia. Ya sea oversize, colorido, minimalista o deportivo, la clave es la autenticidad.

Ejercicio de boceto: diseña un atuendo que te represente. Piensa en tus colores, cortes o influencias culturales favoritas. Añade detalles únicos — quizá parches, estampados o tu propio logotipo.

Pensamiento final: El streetwear no es solo ropa, es una actitud. La confianza es el mejor accesorio que puedes llevar.

Tendencias

Inspiración

Textiles

Notas

Detalles

Muestras de Tela

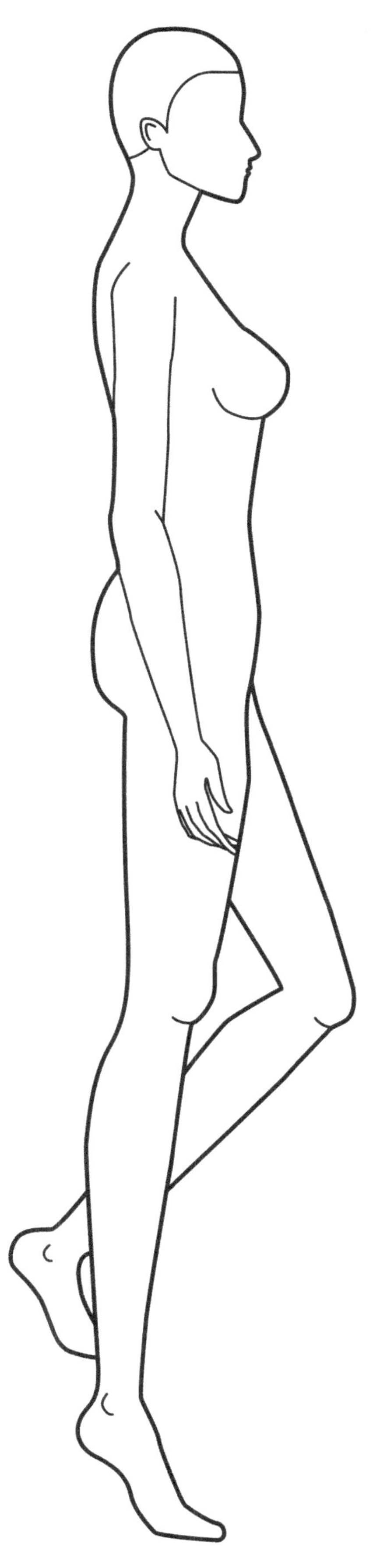
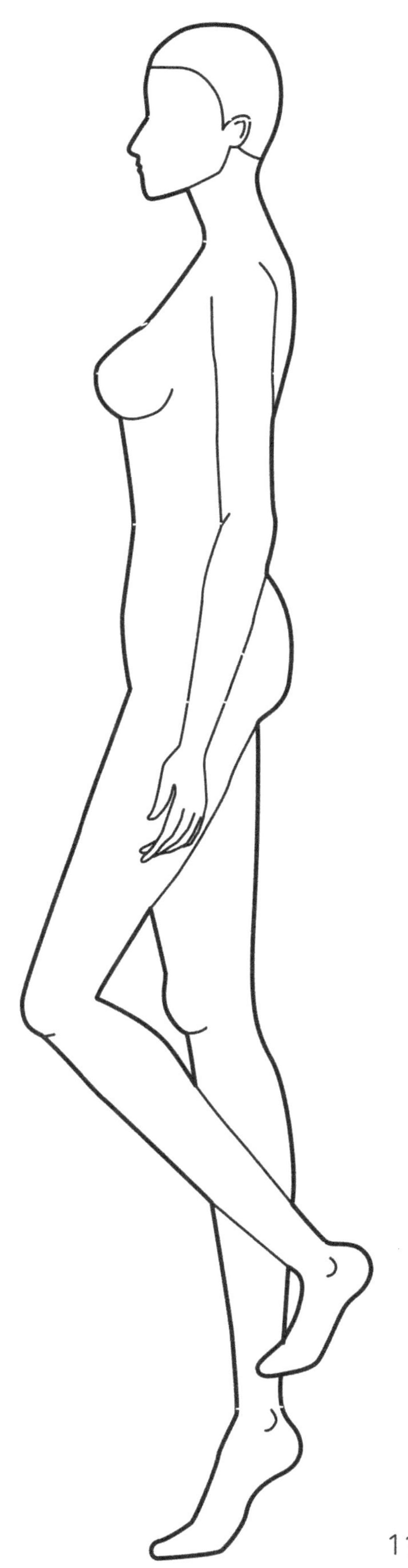

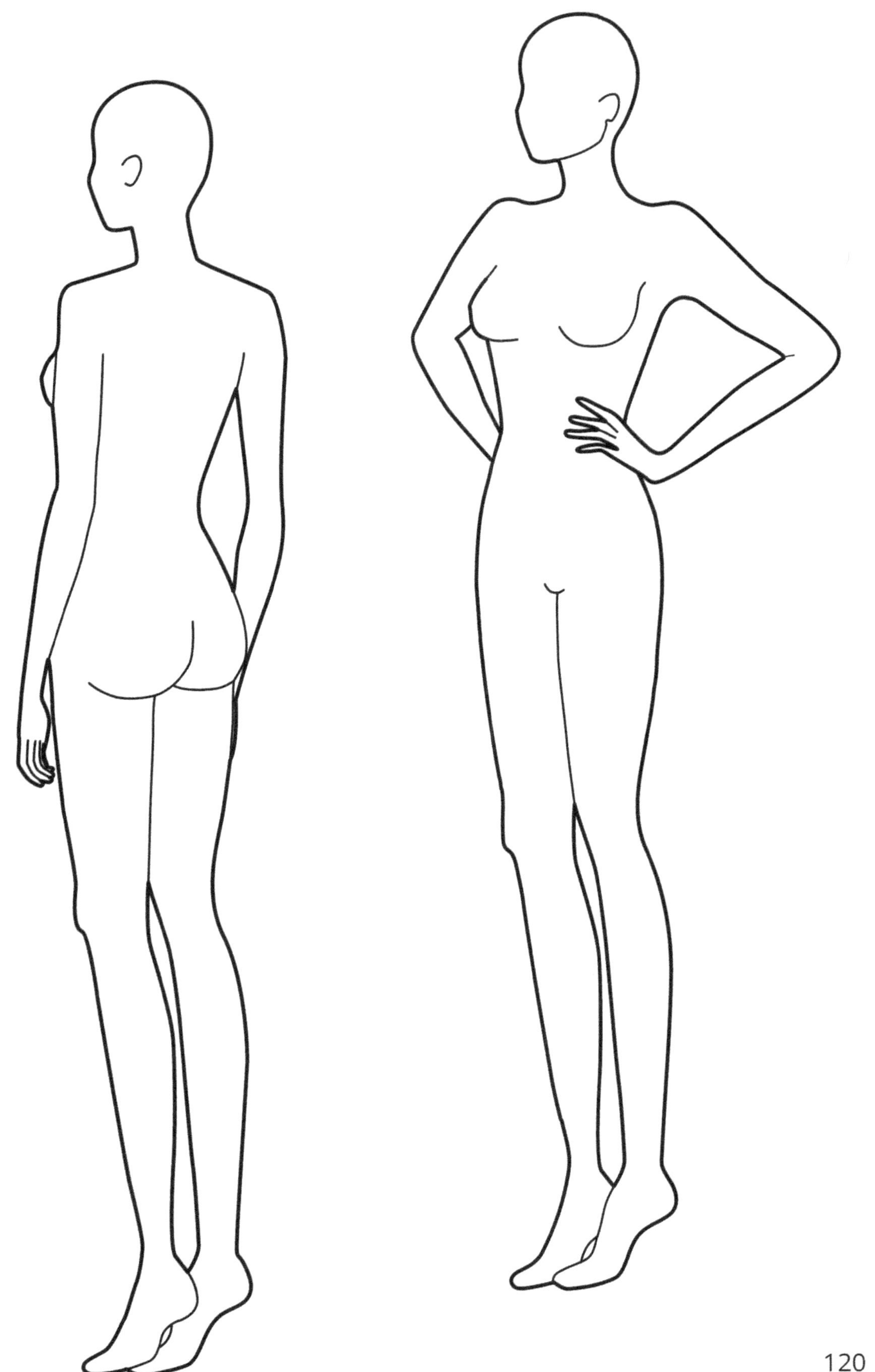

Esta página es tu galería creativa. Úsala para seguir tu progreso, recopilar tus diseños favoritos y reflexionar sobre tu evolución.

- Añade bocetos, fotos de inspiración o recortes para dar vida a tus ideas de moda.
- Escribe detalles como colores, tejidos o elementos del atuendo que te inspiraron.
- Deja espacio para que tu "yo futuro" compare cómo ha cambiado tu estilo.

Consejo profesional: *Una sola imagen o muestra de tela puede inspirar toda una colección. ¡No temas guardar incluso los detalles más pequeños que te inspiren!*

Inspiración de Atuendos:
Office Chic y Glamour de Pasarela

Declaración Audaz en la Oficina y Glamour Vanguardista

Inspiración Office Chic

Algunos días exigen una declaración de estilo. Un traje de color intenso — esmeralda, azul real o rojo brillante — transmite confianza. Combínalo con una blusa neutra y zapatos discretos para que el traje sea el protagonista. Esta opción es ideal para presentaciones o reuniones importantes.

Inspiración Runway Glam

El glamour vanguardista desafía la tradición. Piensa en formas exageradas, volúmenes superpuestos o texturas experimentales. Los vestidos pueden combinar tejidos poco convencionales, cortes asimétricos o accesorios de gran tamaño. Estos looks de pasarela buscan provocar reflexión mientras deslumbran al público.

Tendencias

Inspiración

Textiles

Notas

Detalles

Muestras de Tela

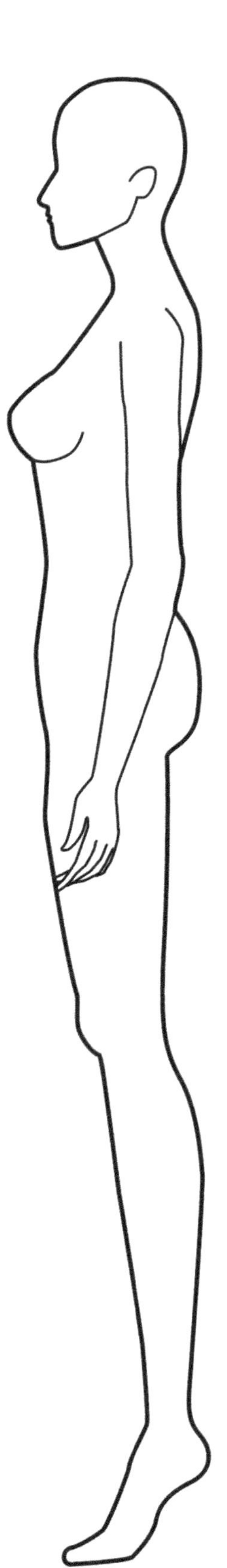

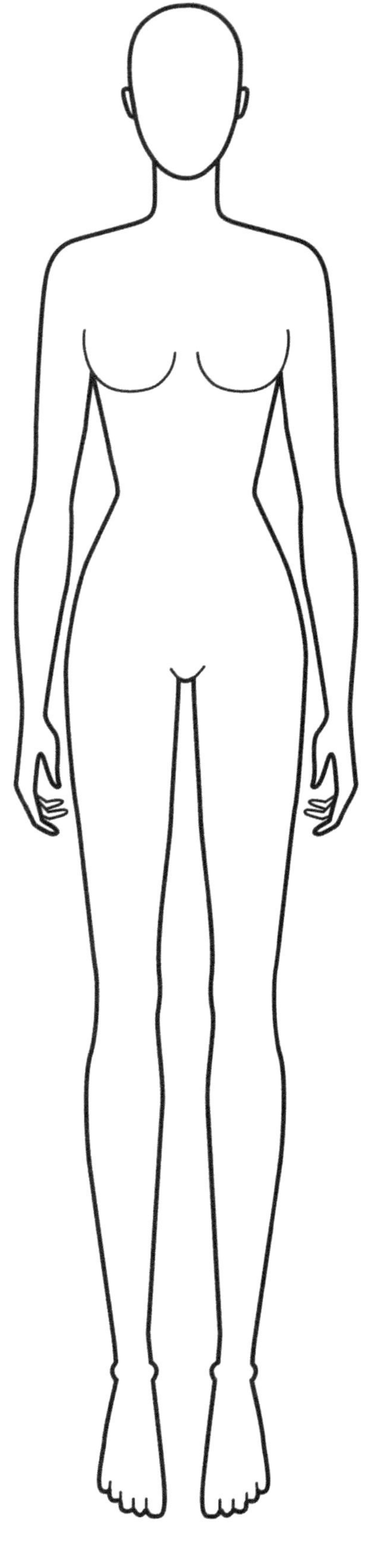

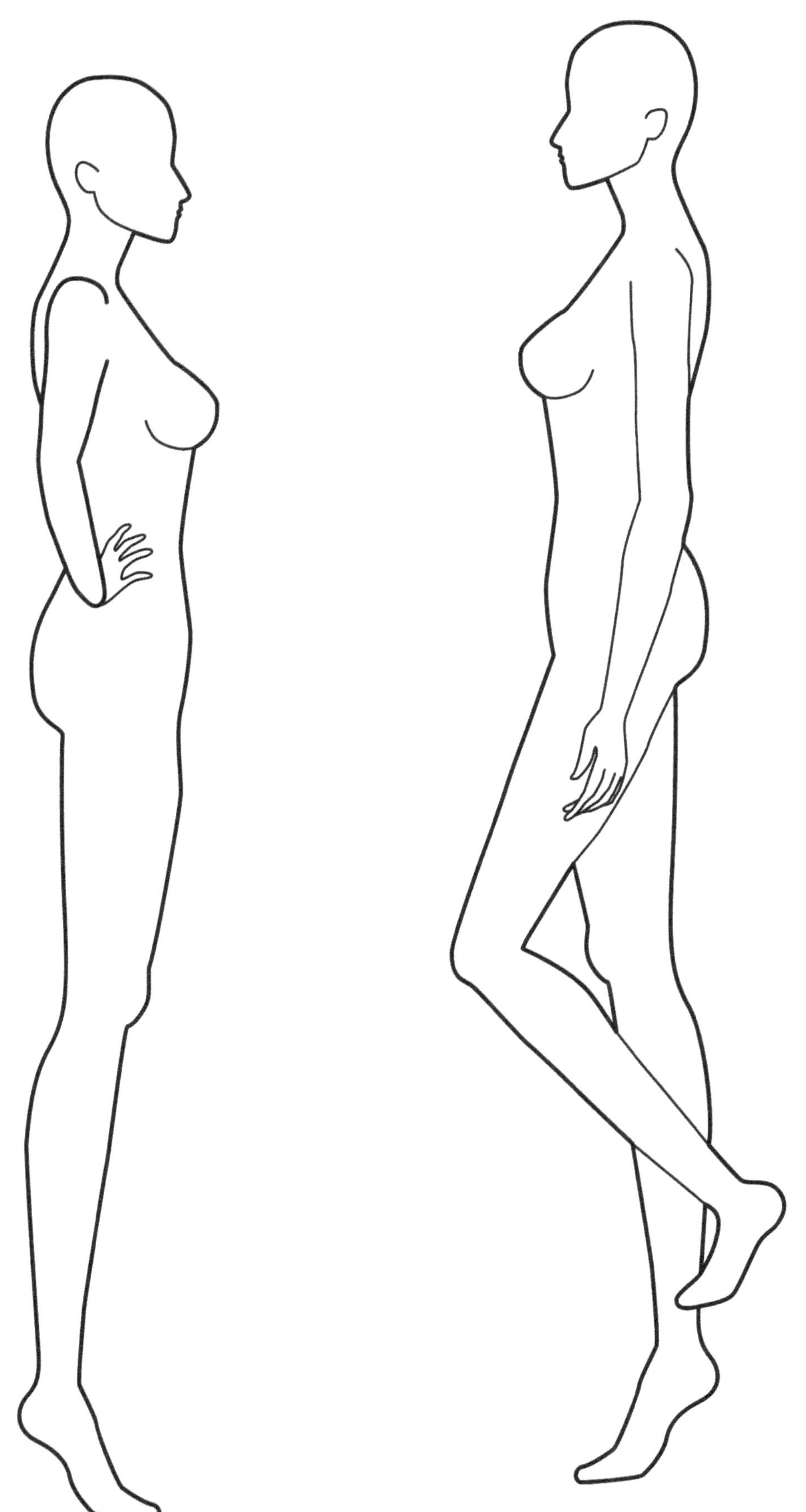

Trends

Inspiración

Textiles

Notes

Details

Muestras
de Tela

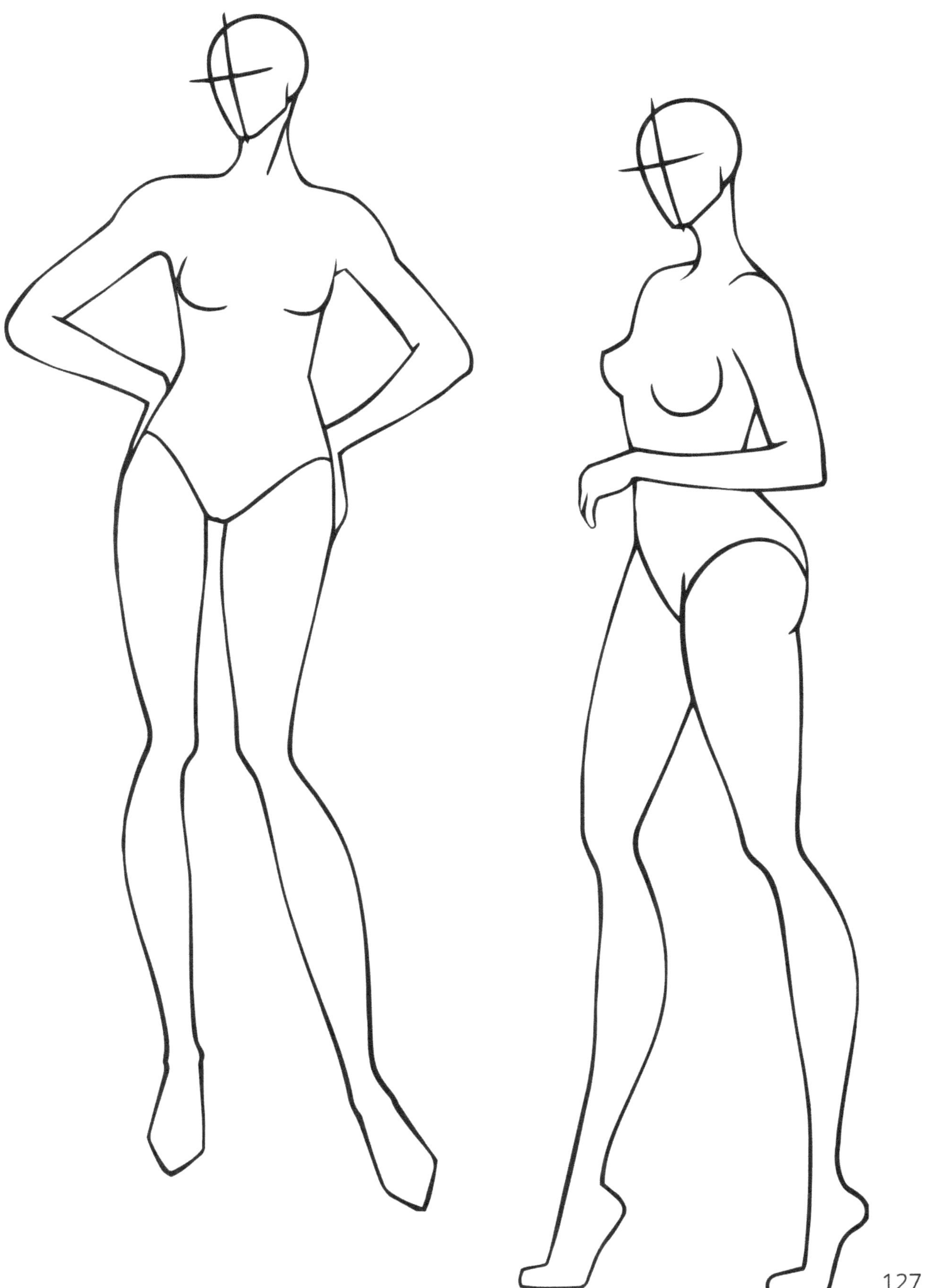

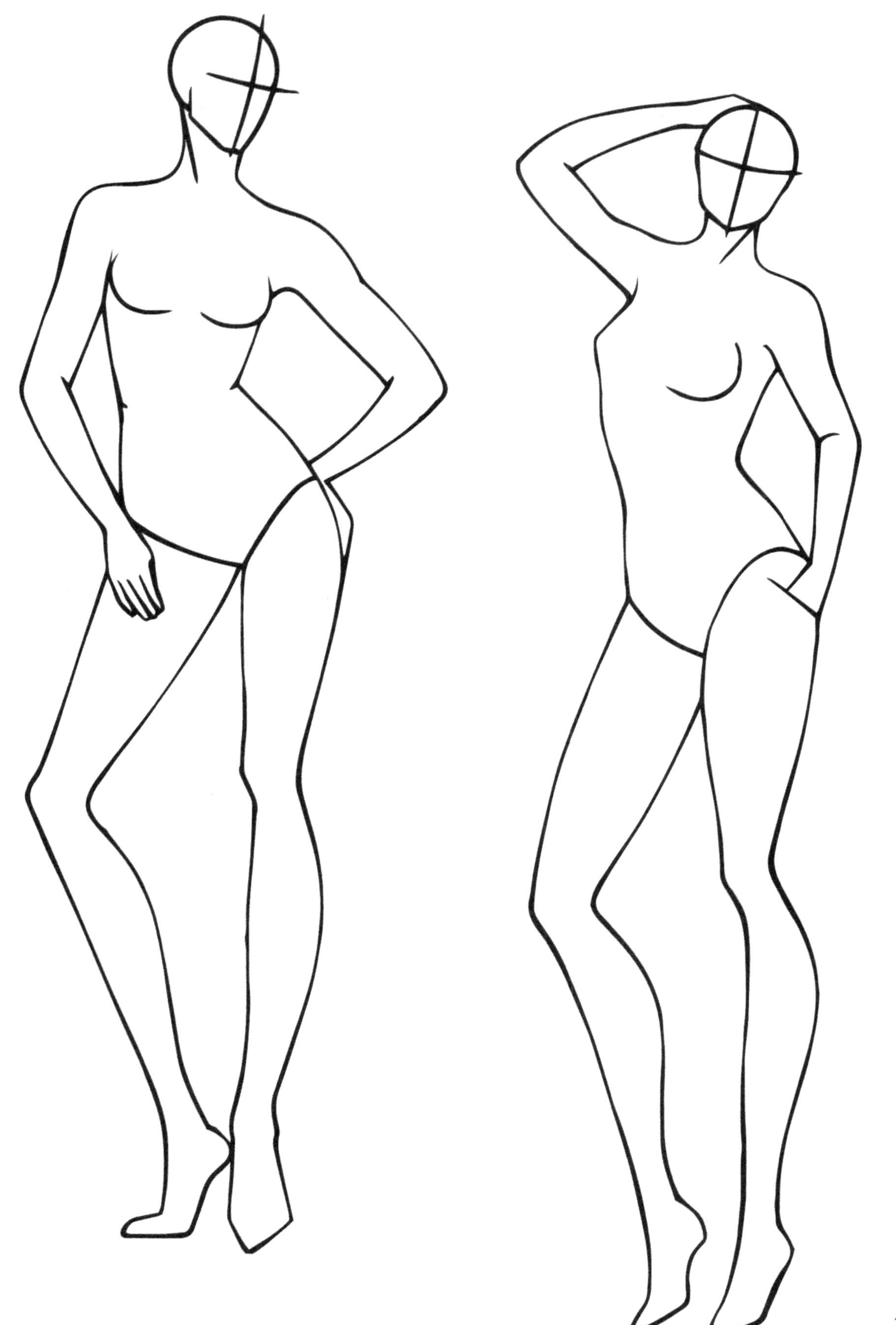

Tendencias

Inspiración

Textiles

Notas

Detalles

Muestras de Tela

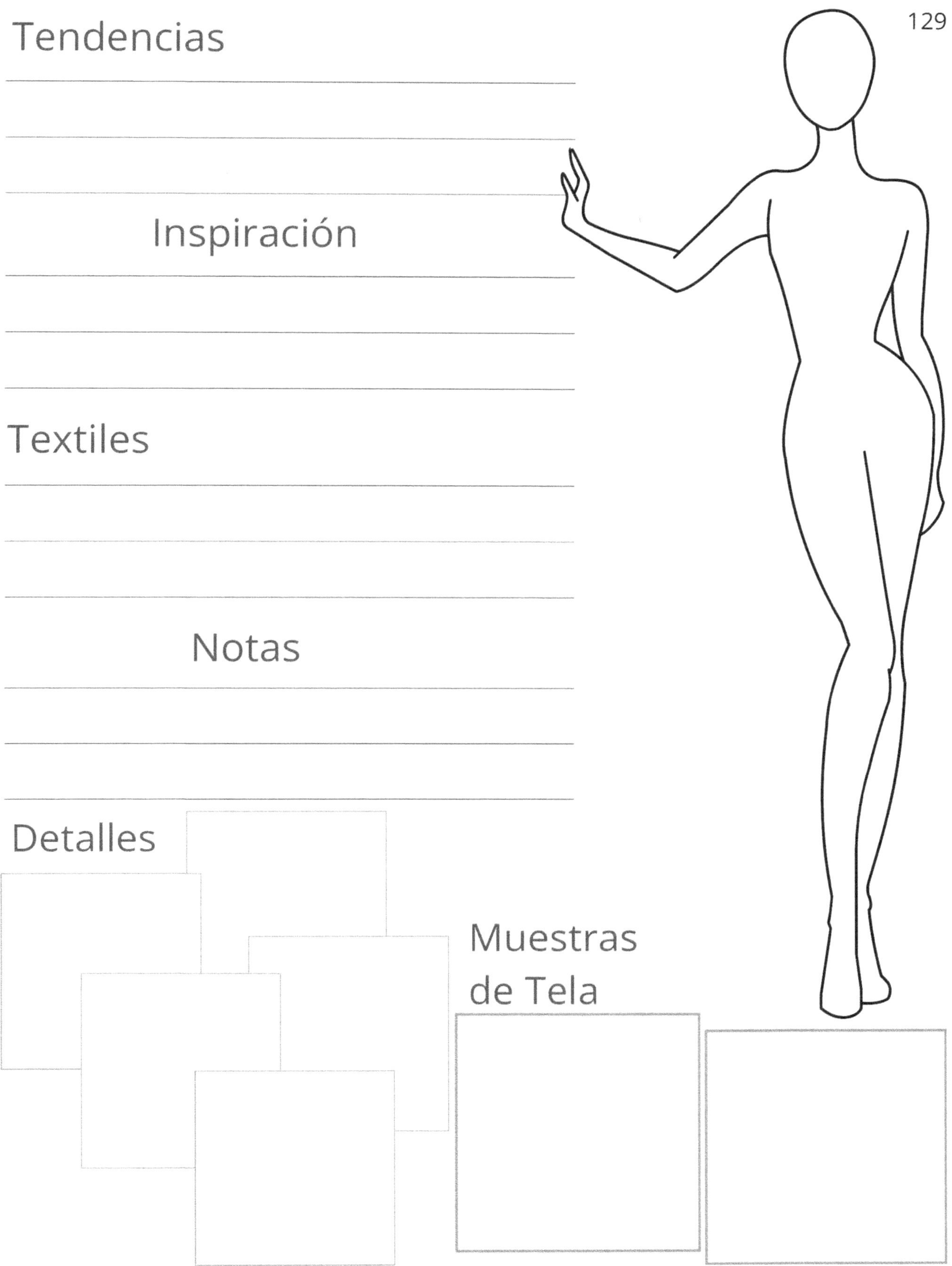

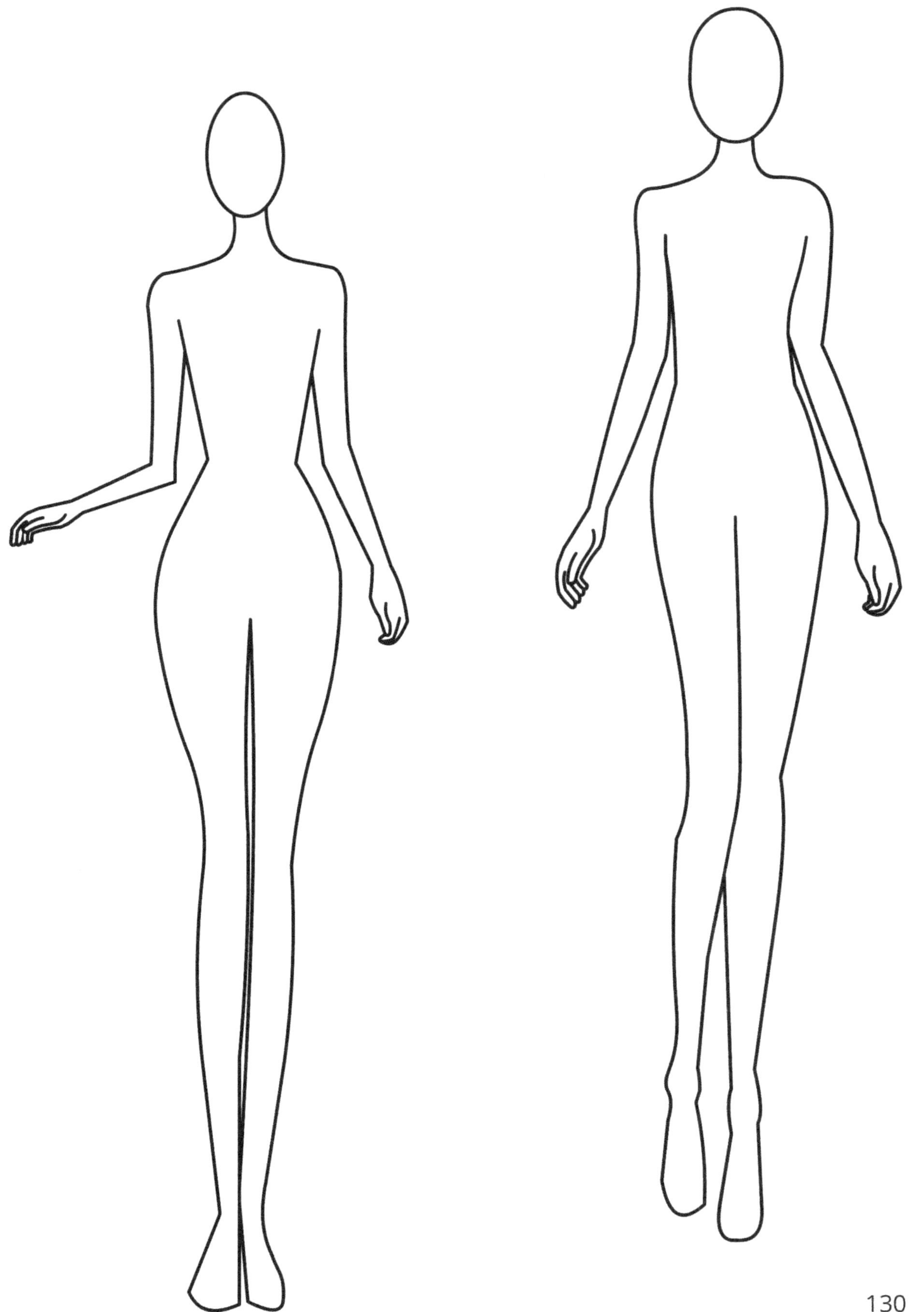

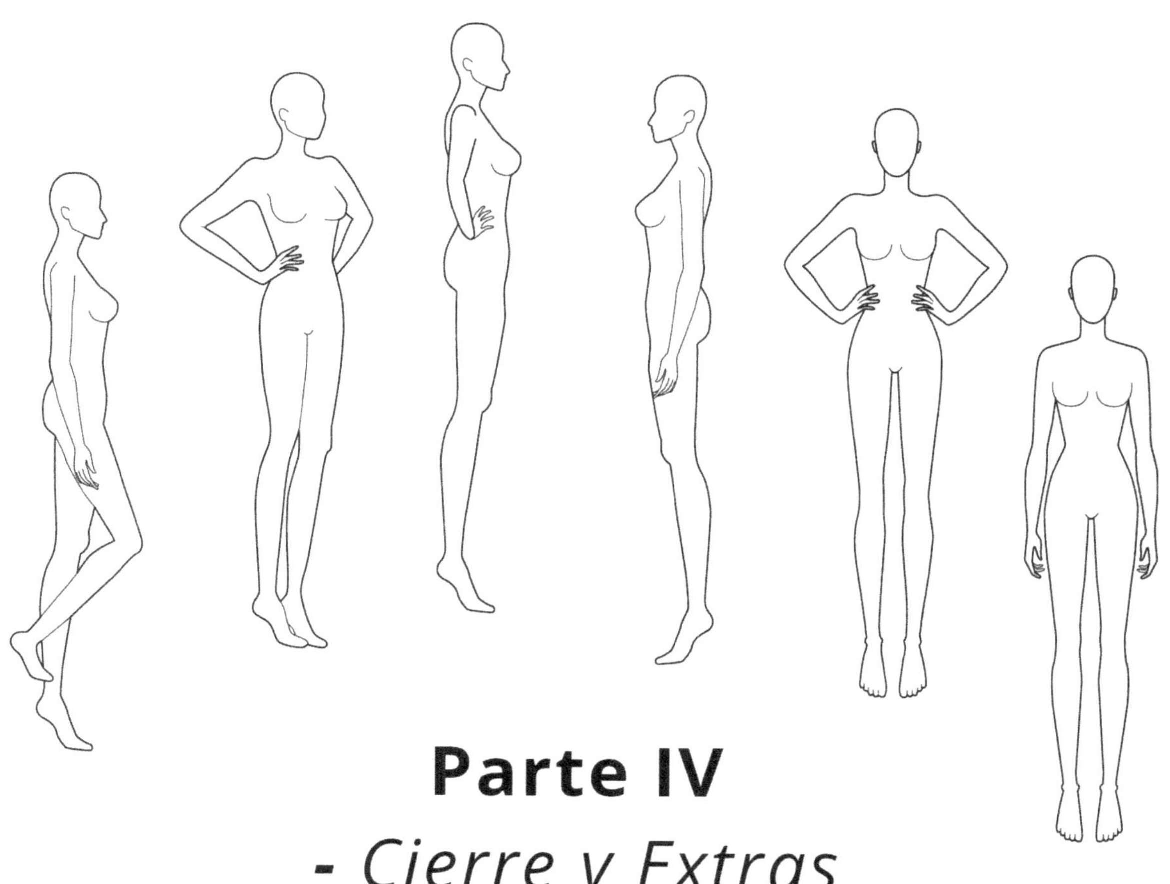

Parte IV
- *Cierre y Extras*

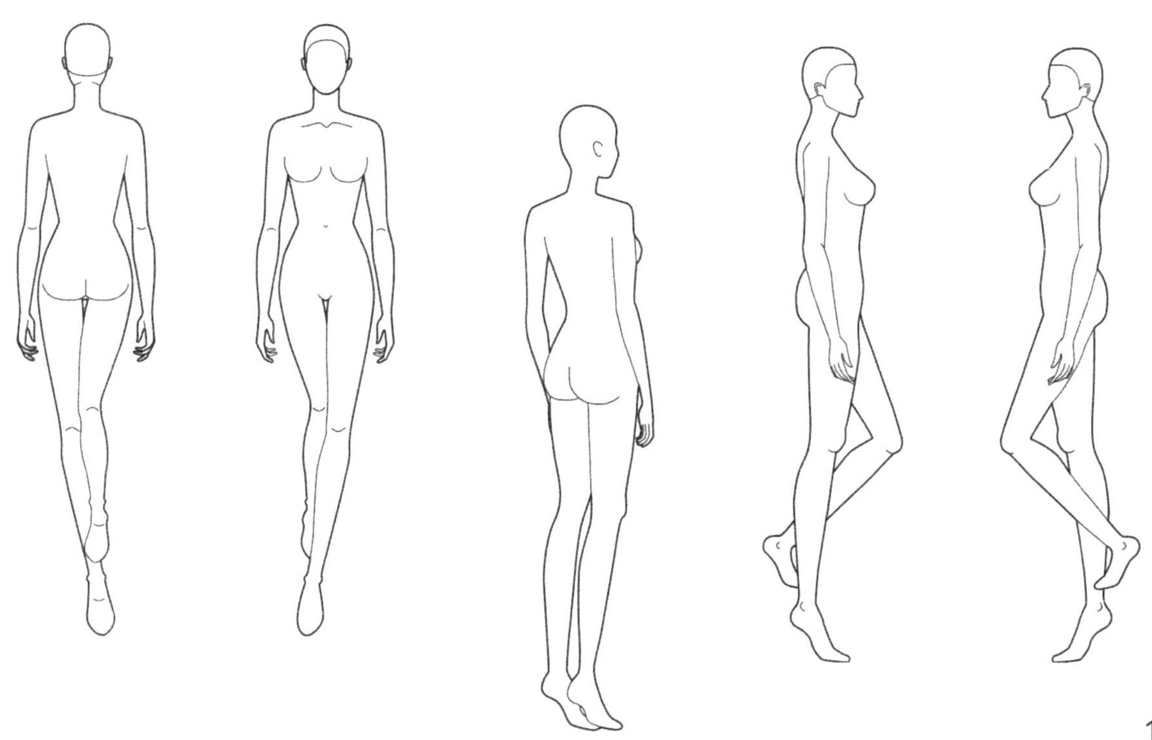

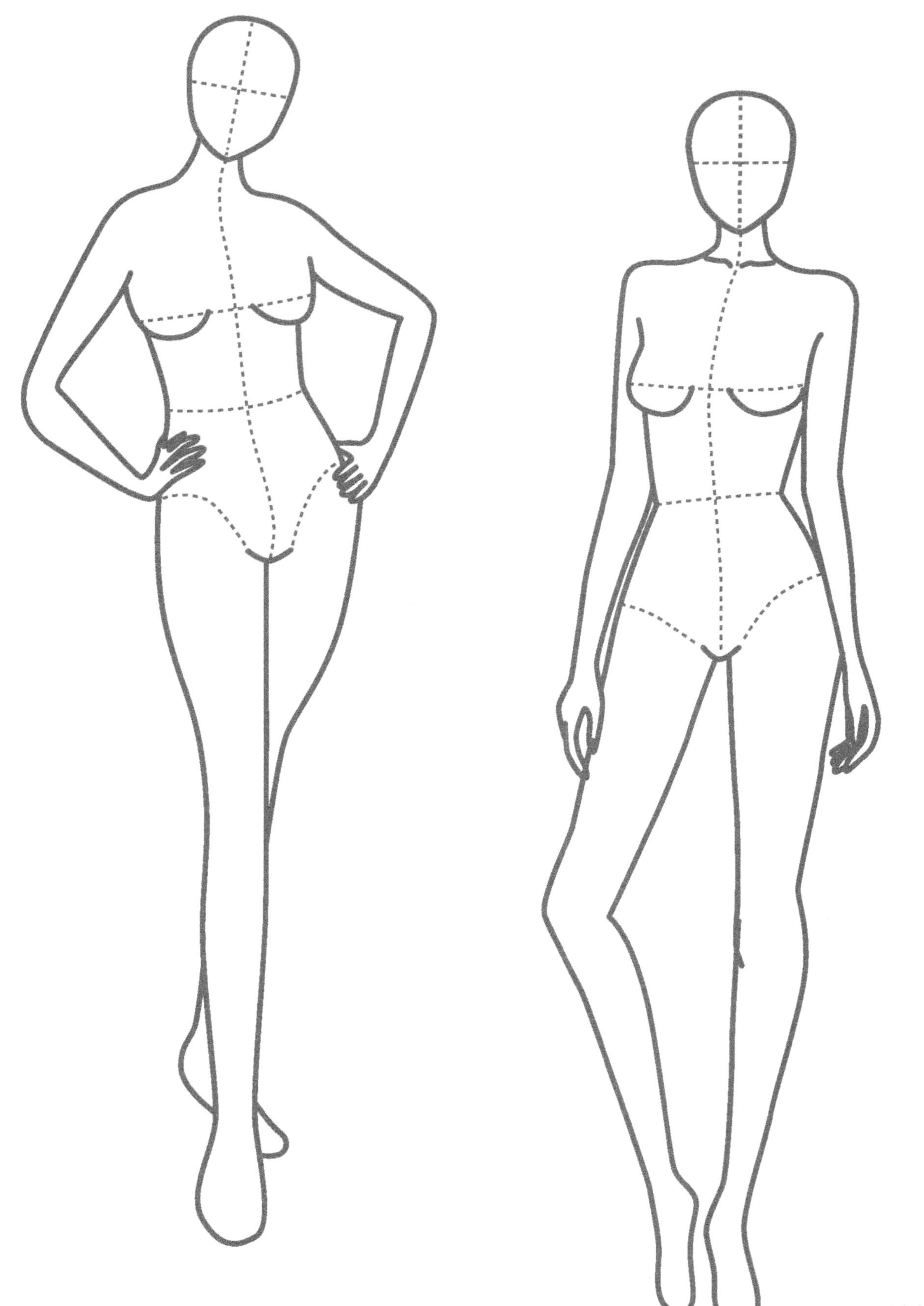

Rediseña una Silueta Clásica

Toma una silueta atemporal (como una falda lápiz, un abrigo tipo trench o un pequeño vestido negro) y rediseñala de tres maneras. Piensa en cómo el tejido, el color y los detalles pueden hacer que una prenda clásica se sienta moderna y emocionante. Puedes añadir asimetría, jugar con texturas o combinar elementos inesperados. Este reto te ayuda a romper las reglas tradicionales manteniendo una base sólida.

Indicaciones guiadas:
- ¿Qué silueta clásica elegiste?
- ¿Qué cambios la harán sentir más actual?
- ¿Cómo describirías tu rediseño en una sola palabra?

Consejo profesional*: "La innovación comienza con pequeños giros sobre formas familiares."*

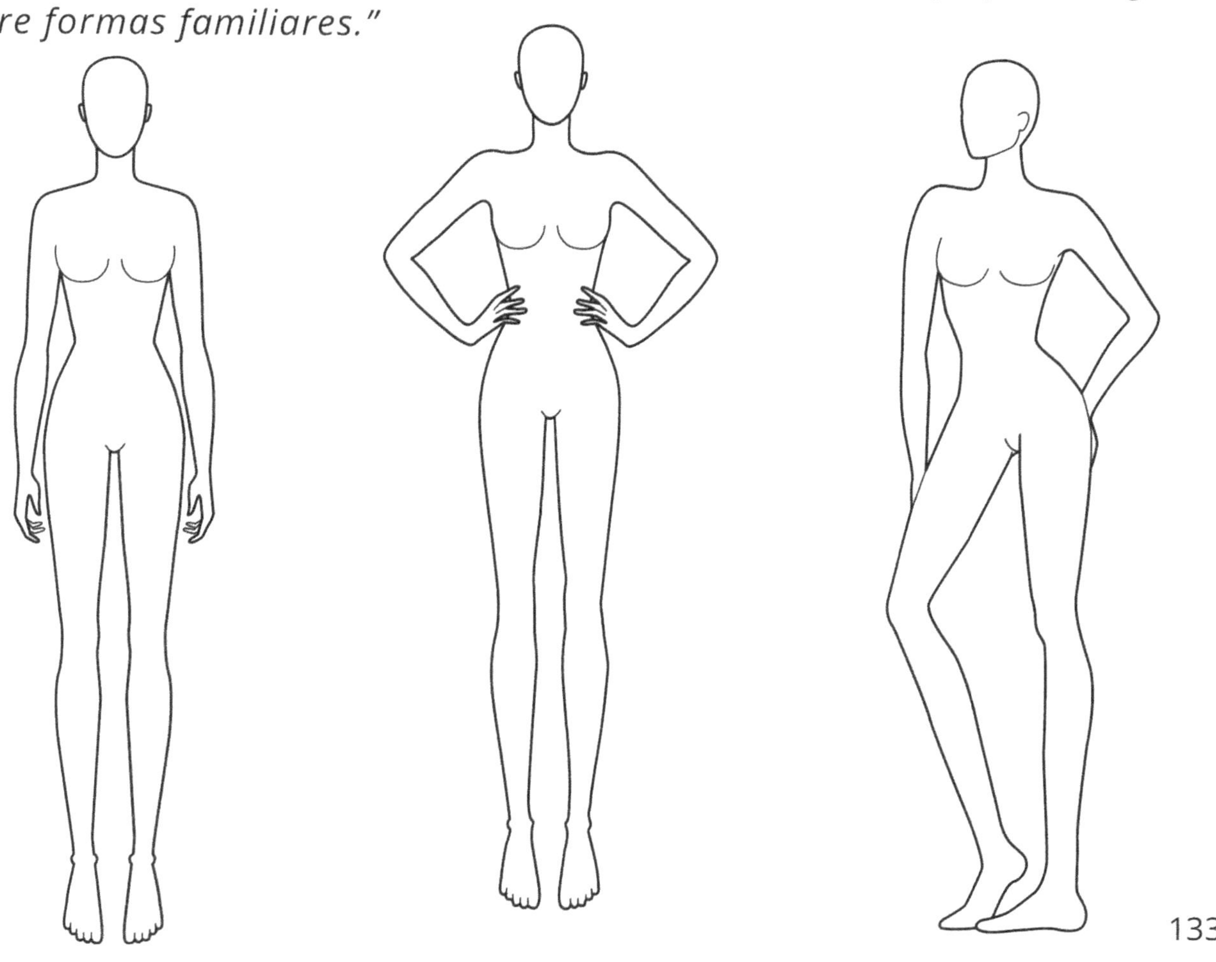

Reto del Guardarropa Cápsula

Diseña un guardarropa cápsula de 5 piezas que funcionen juntas. Piensa en partes superiores, inferiores y prendas de superposición que puedan combinarse entre sí para crear múltiples atuendos. Este ejercicio te ayuda a centrarte en la cohesión, la versatilidad y una identidad de estilo clara.

Indicaciones:

- ¿Cuál es el tema de estilo de tu cápsula? (por ejemplo: minimal chic, boho, vanguardista)
- ¿Qué colores o tejidos predominan?
- ¿Cómo se combinan las piezas entre sí?

Consejo profesional*: "Si cada pieza combina con todas las demás, lo has conseguido."*

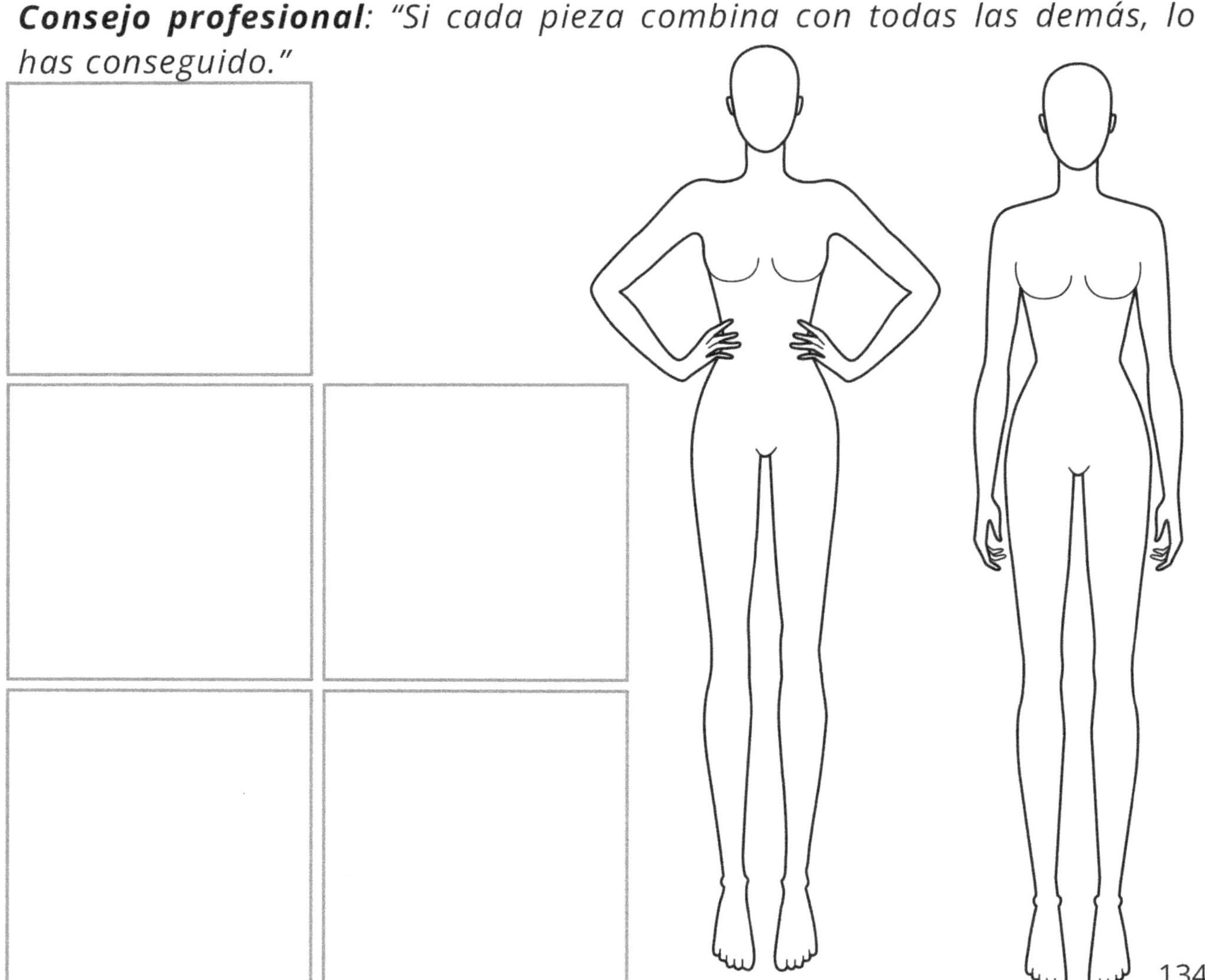

Inspiración Estacional

Elige una estación —primavera, verano, otoño o invierno— y diseña un atuendo inspirado en sus colores, texturas y estado de ánimo. Piensa más allá de los clichés: quizá un look invernal con tonos pastel o un conjunto veraniego con colores tierra apagados. Deja que la estación te guíe, pero hazla tuya.

Indicaciones:
- ¿Qué estación te inspiró?
- ¿Qué colores o texturas la representan?
- ¿En qué se diferencia este diseño de los típicos looks estacionales?

Consejo profesional: *"Sorprende al espectador reinterpretando las expectativas de cada temporada."*

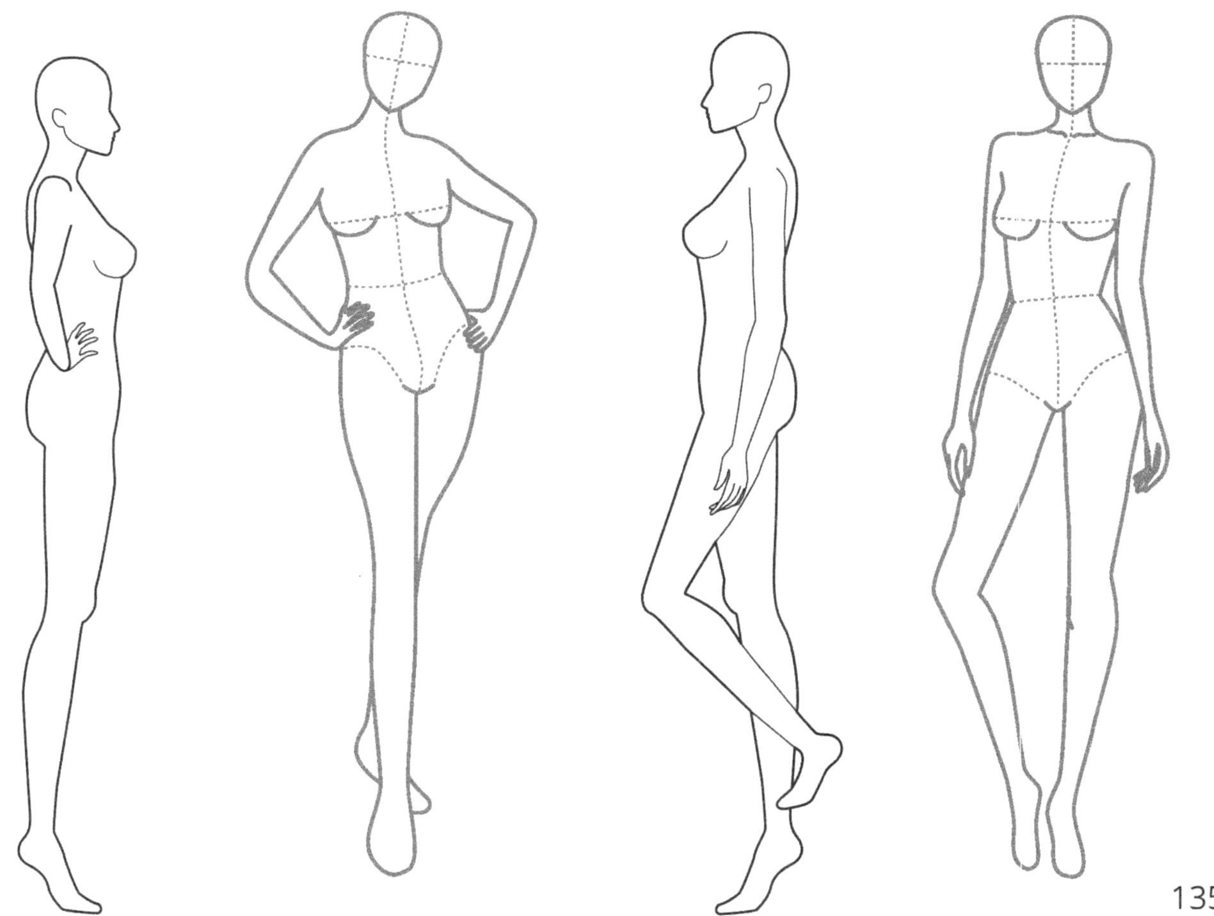

Transformación de una Camiseta

Toma la prenda más básica —una camiseta lisa— y reinvéntala. Añade mangas únicas, cambia el escote, experimenta con estampados o conviértela en un vestido. El reto: mantener reconocible la camiseta, pero hacer que se sienta como una pieza de declaración.

Indicaciones:
- ¿Cuál es el estilo de tu nueva camiseta?
- ¿Qué elemento cambiaste más drásticamente?
- ¿Dónde podría usarse esta prenda reinventada?

Consejo profesional*: "La simplicidad es el lienzo perfecto para las ideas audaces."*

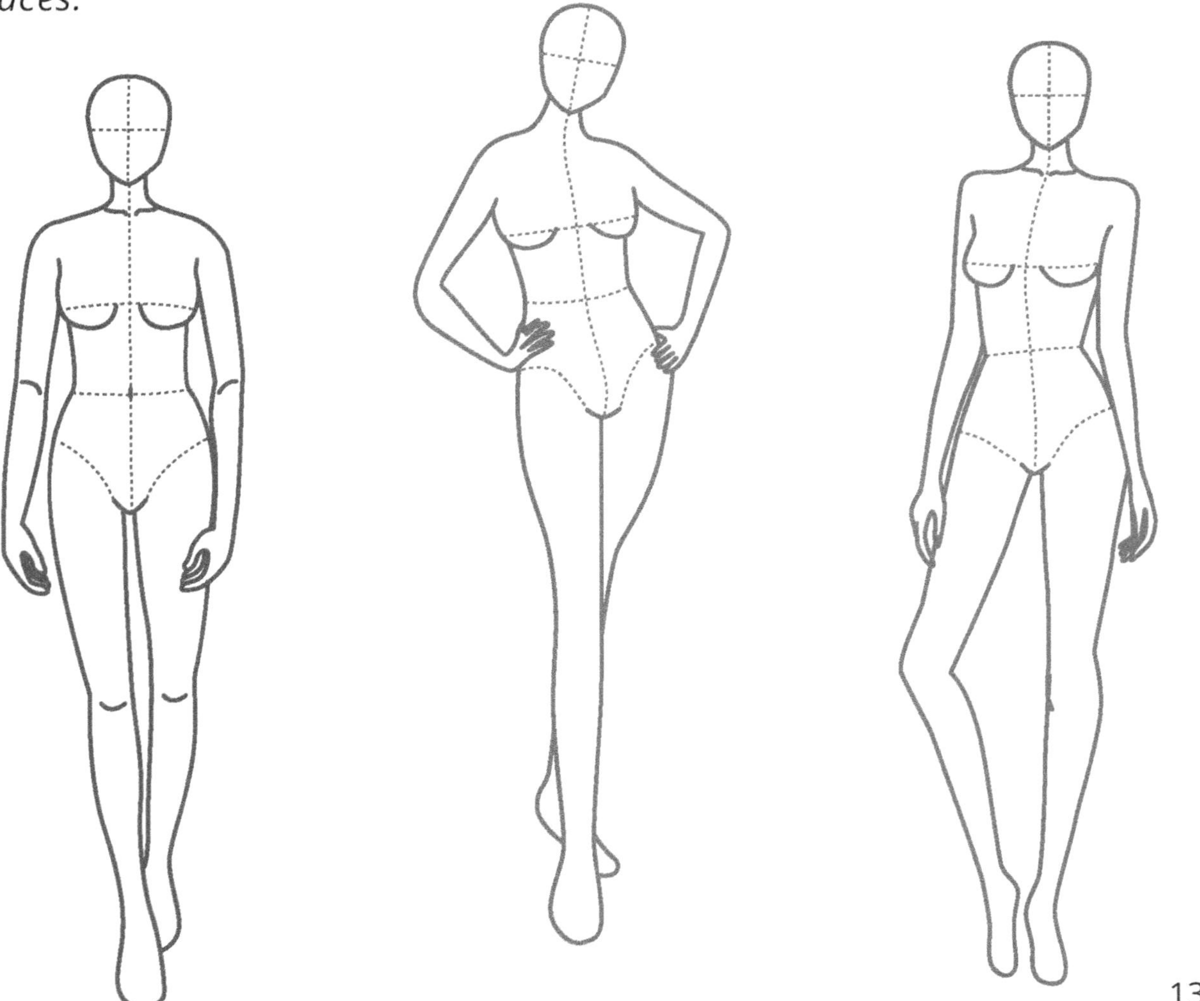

Combina y Mezcla Opuestos

Fusiona dos estilos contrastantes —como deportivo y romántico, ejecutivo y bohemio, streetwear y lujo— y diseña un atuendo que los una. Esto te enseña cómo los opuestos pueden crear nuevos y emocionantes lenguajes de moda.

Indicaciones:
- ¿Qué dos estilos estás combinando?
- ¿Cuál es el elemento puente que los une?
- ¿El atuendo se inclina más hacia uno de los estilos o los equilibra por igual?

Consejo profesional: *"Los looks más memorables de la moda nacen de los contrastes."*

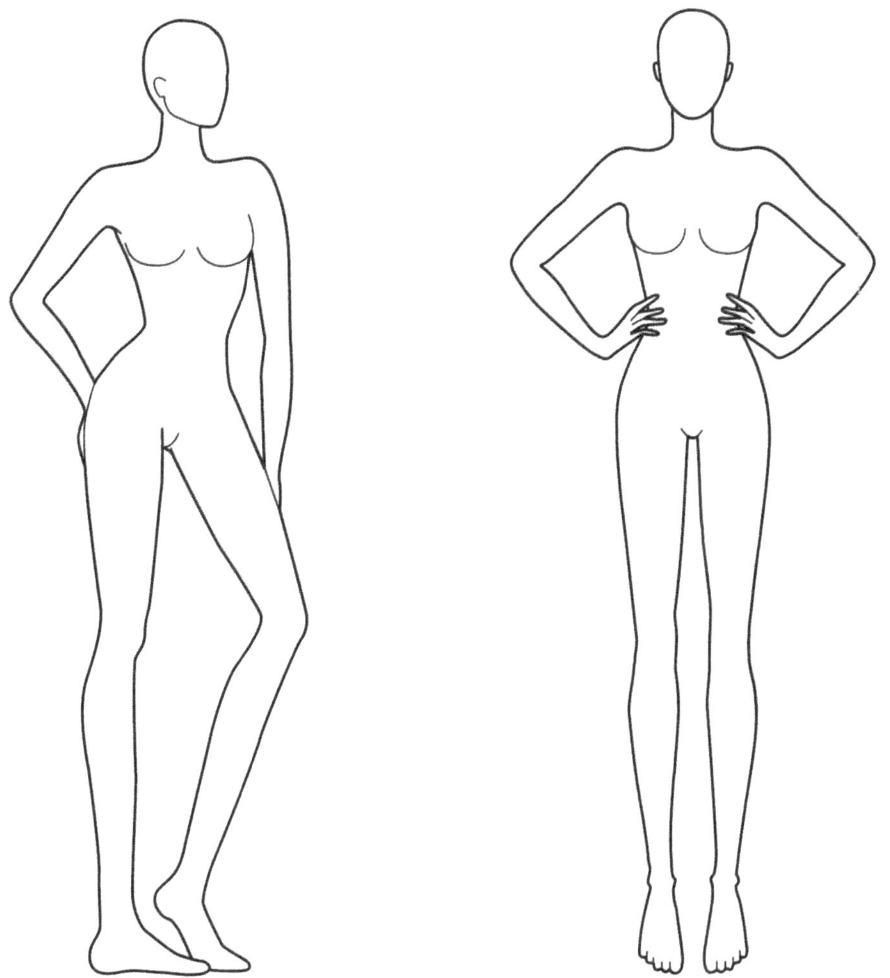

Enfoque en los Accesorios

Diseña un look donde los accesorios sean los protagonistas. Zapatos, bolsos, sombreros, joyas... todo vale. Mantén la ropa simple para que los accesorios brillen. Este ejercicio entrena tu ojo para equilibrar los puntos focales en un atuendo.

Indicaciones:
- ¿Qué accesorio se roba la atención?
- ¿Cómo apoyan las prendas al accesorio?
- ¿Funcionaría este look sin él?

Consejo profesional: *"Los accesorios pueden convertir un conjunto básico en un estilo distintivo."*

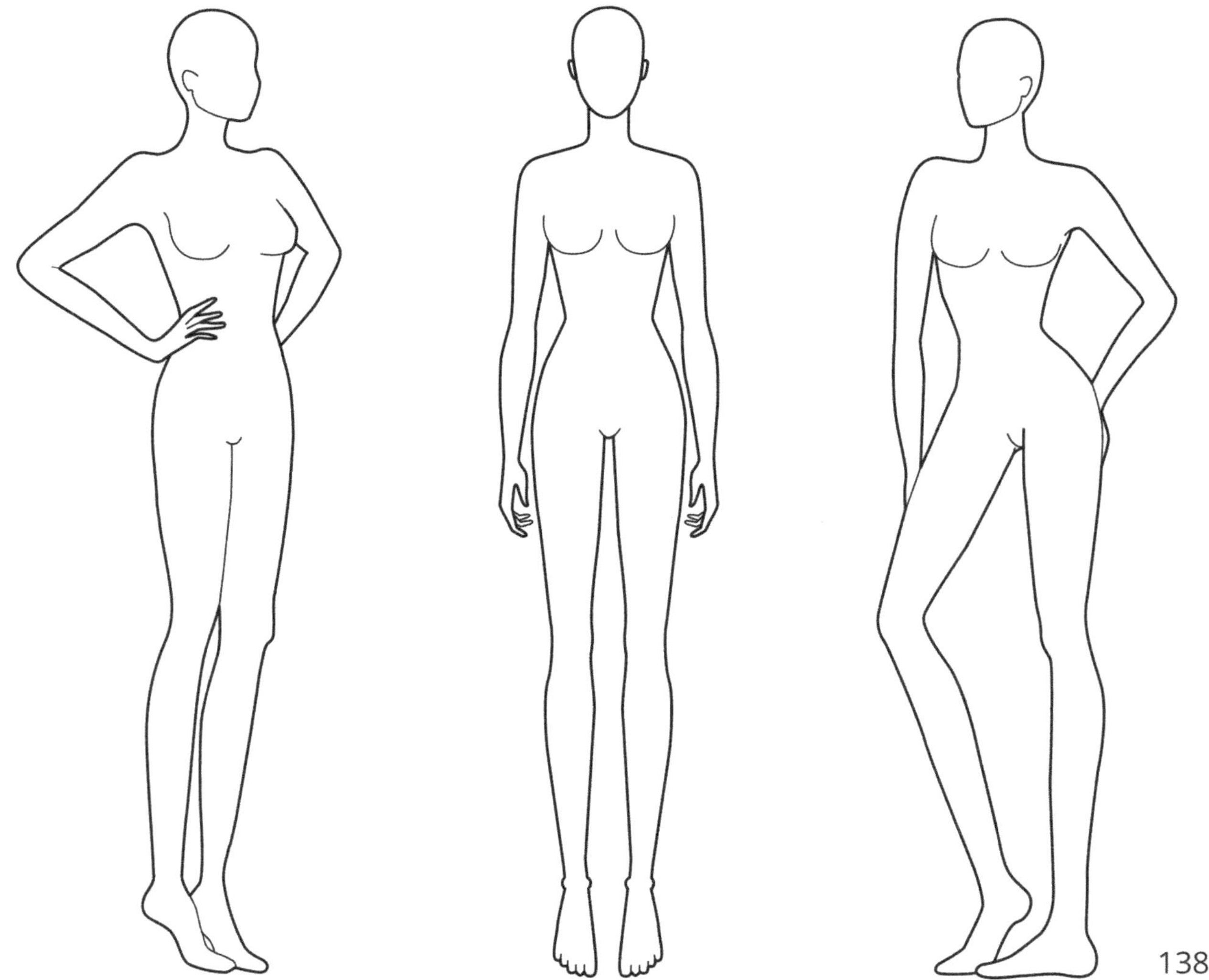

La Moda a Través del Tiempo

Elige una década o un estilo histórico y modernízalo. Quizá mangas victorianas en streetwear, bordados de los años 20 en un chándal o el grunge de los 90 en tejidos de lujo. Este ejercicio te enseña a inspirarte en la historia mientras mantienes la frescura del presente.

Indicaciones:
- ¿Qué periodo histórico te inspiró?
- ¿Cuál fue el giro moderno que añadiste?
- ¿Cómo encaja este diseño con las tendencias actuales?

Consejo profesional: *"El futuro de la moda se construye sobre su pasado."*

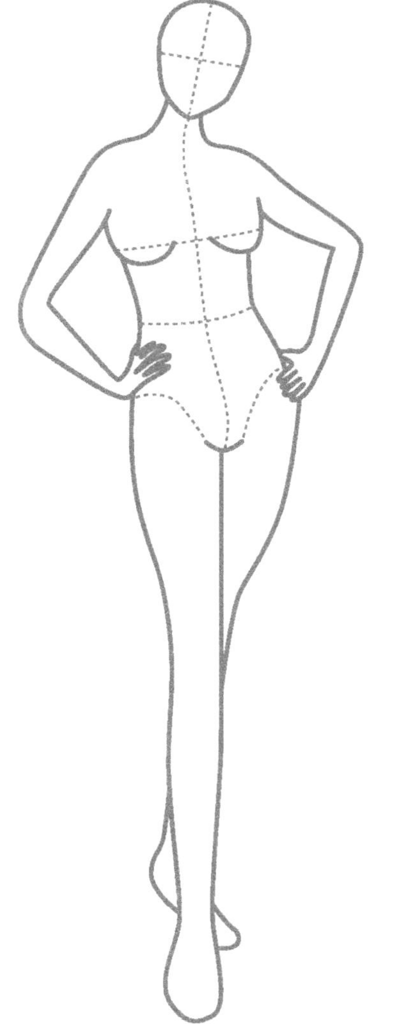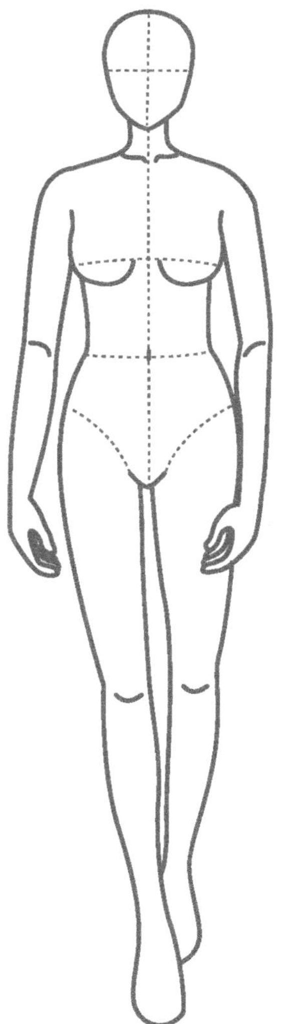

De Moodboard a Atuendo

Crea un mini moodboard y luego diseña un atuendo basado en él. Reúne colores, texturas e imágenes que te inspiren, pégalos o dibújalos en el espacio inferior y traduce esa sensación en un look usable.

Indicaciones:

- ¿Cuál es el tema de tu moodboard?
- ¿Qué elementos se reflejaron en tu diseño?
- ¿El atuendo final transmite la esencia del tablero?

Consejo profesional:
"Un concepto sólido = una colección sólida."

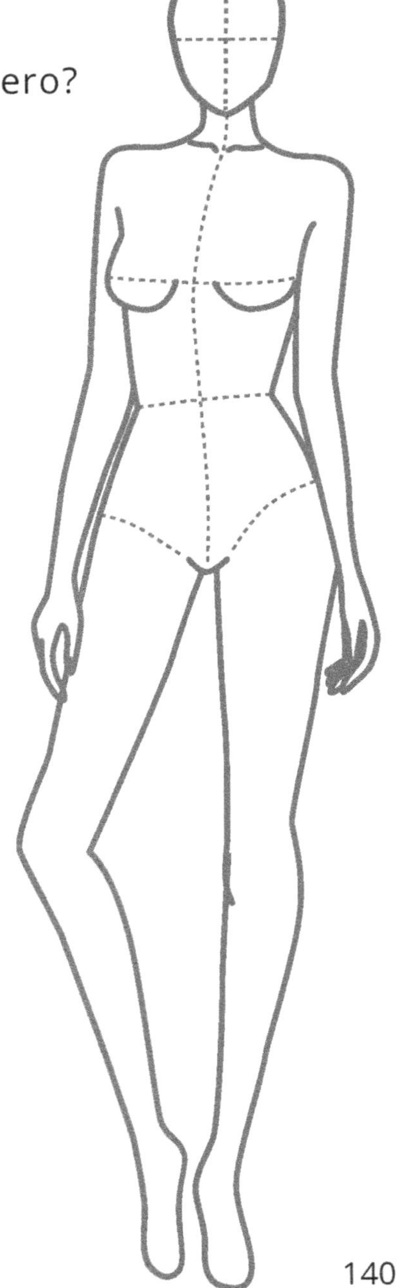

Lista de Verificación del Diseñador de Moda

Todo diseñador necesita las herramientas adecuadas. Usa esta lista para asegurarte de estar preparada para cada sesión de boceto o proyecto de diseño. Marca las casillas mientras construyes tu kit creativo y añade tus propios imprescindibles.

Esenciales de Diseño

- Cuadernos y hojas en blanco ....
- Plantillas de figura de moda ....
- Lápices (HB, 2B, 4B) ....
- Rotuladores finos y plumas de tinta ....
- Gomas y sacapuntas ....
- Reglas y curvas francesas ....

Color y Texturas

- Lápices de color ....
- Marcadores / rotuladores al alcohol ....
- Acuarelas o gouache ....
- Muestras de tela ....
- Texturas o tejidos de referencia ....

Herramientas y Accesorios

- Tijeras y cúteres ....
- Pegamento o cinta adhesiva ....
- Cinta métrica ....
- Alfileres / pinzas ....
- Carpeta de portafolio ....

Herramientas Digitales (opcional)

- Tableta de dibujo ....
- Lápiz digital (stylus) ....
- Software de moda (CAD / apps de boceto) ....

Investigación Textil

- Catálogos de tejidos ....
- Revistas de tendencias ....
- Materiales para moodboards ....

Mis Tejidos y Marcas Favoritas
- Espacio para notas

¡Esta página es solo para ti! Anota tus tejidos, texturas y marcas favoritas. Piensa en los materiales que más te inspiran, ya sea seda suave, denim resistente o terciopelo lujoso.

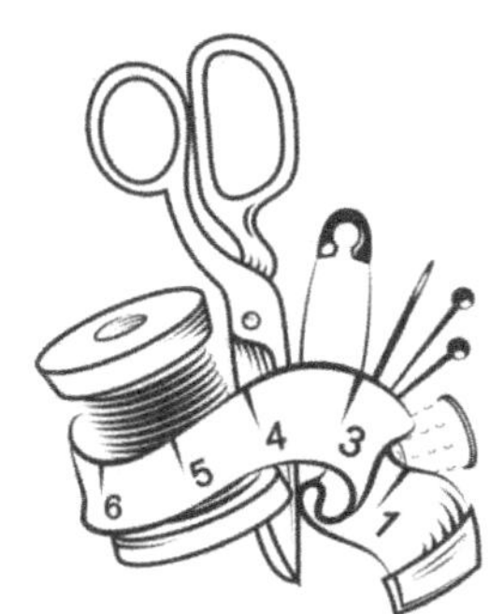

- Mis 3 tejidos preferidos:
- Tejidos con los que me gustaría trabajar:
- Mi tienda o marca textil de referencia:
- Tejido que representa mi estilo:
- Material soñado para usar en el futuro:

Deja espacio para notas y pequeñas muestras o recortes de tela pegados.

____

____

____

____

____

____

____

____

____

Mi Diario Personal de Moda 143

Un espacio para tus reflexiones como diseñadora.

Has llegado a la última sección de este cuaderno, pero este es solo el comienzo de tu camino creativo. Usa esta página para plasmar tus pensamientos, aprendizajes y sueños:

- Lo que he aprendido hasta ahora:
- Mis diseños favoritos:
- El estilo que mejor me representa:
- Próximos objetivos como diseñadora:

"Cada boceto es una nueva posibilidad. Sigue experimentando, sigue dibujando, sigue creando."

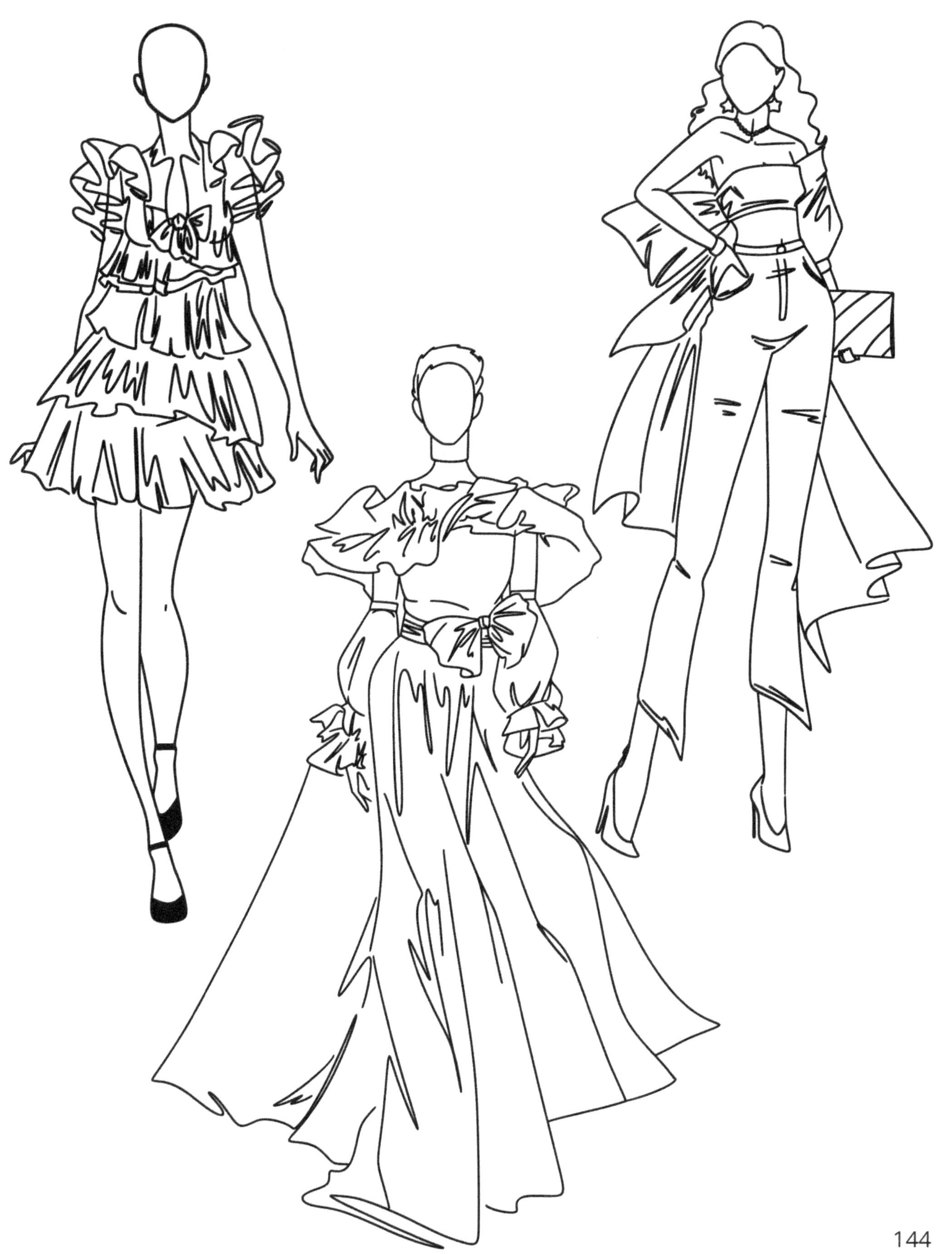

¡Felicidades!
¡Lo Lograste!

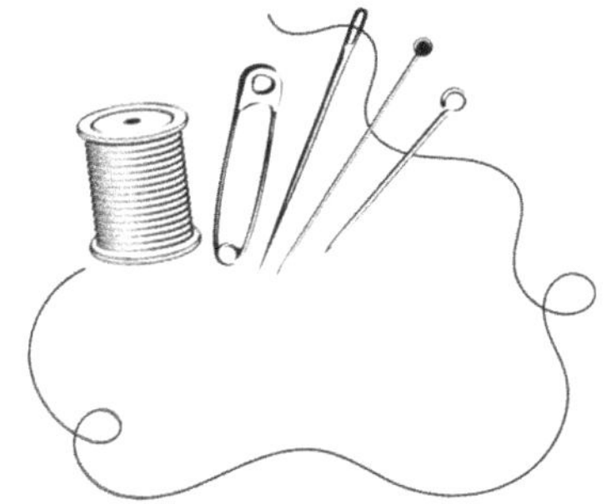

¡Enhorabuena, diseñadora!

Has llegado a las últimas páginas de este cuaderno de práctica, lo que significa que has invertido tiempo, energía y creatividad en desarrollar tu visión. Tanto si comenzaste como principiante como si ya tenías experiencia, cada boceto, idea y nota que añadiste aquí fue un paso adelante en tu viaje.

La moda es más que telas y prendas: se trata de narrar historias, identidad y creatividad. Cada ejercicio completado te acercó a perfeccionar tu estilo único y ganar confianza en tu arte.

Recuerda: el crecimiento llega con la constancia. Sigue dibujando, explorando y, sobre todo, disfruta del proceso.

¡Nos encantaría saber de ti!

Si este cuaderno te inspiró, dedica un momento a compartir tu opinión. Tu historia puede ayudar a otras personas a descubrir este libro y comenzar su propio camino creativo.

¡Gracias por formar parte de esta aventura!

Sigue dibujando, sigue diseñando
y nunca dejes de expresar tu visión.

Niky Jadesson

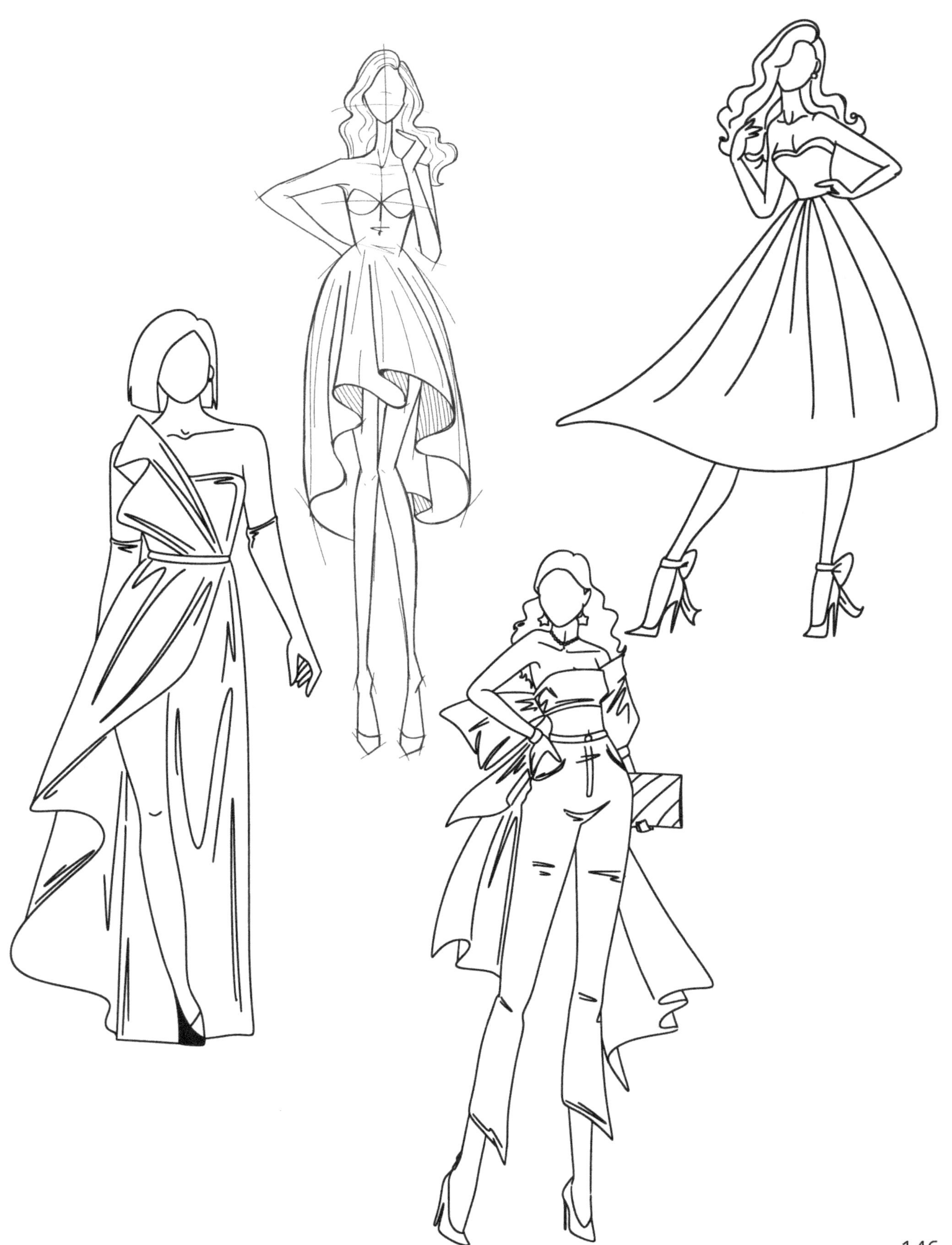

¡Gracias

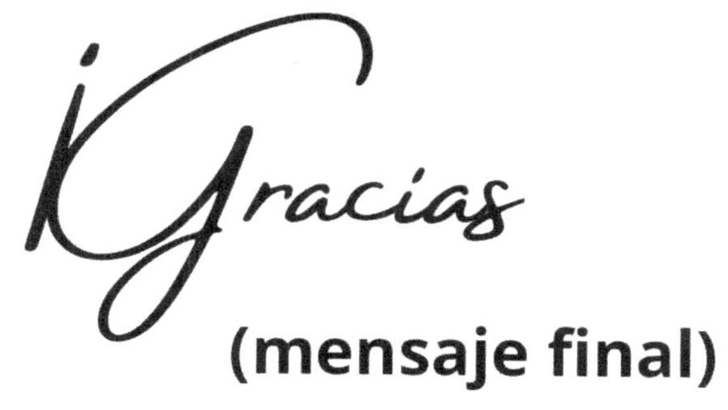

(mensaje final)

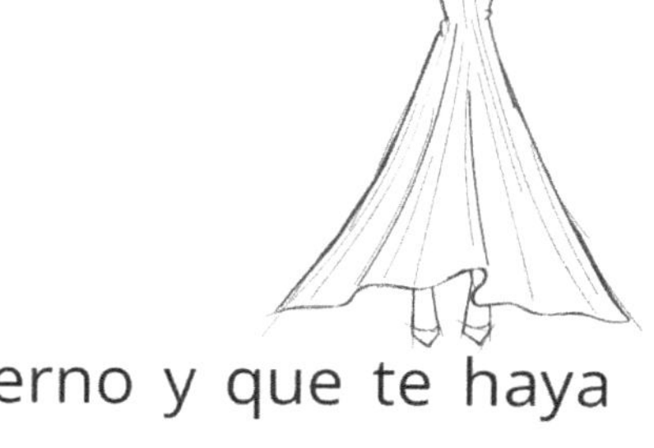

¡Gracias por Estar Aquí!

Esperamos que hayas disfrutado este cuaderno y que te haya resultado inspirador, práctico y divertido de usar.

¡Tu apoyo significa el mundo para nosotros!

Como proyecto independiente, cada reseña, palabra amable o sugerencia nos ayuda a seguir creando más herramientas para diseñadores de moda en formación como tú.

Si deseas compartir tus comentarios, ideas o simplemente saludar, nos encantaría leerte:

nikyjadesson@gmail.com

También puedes descubrir más variaciones de este cuaderno buscando **Niky Jadesson Books**.

¡Gracias nuevamente por ser parte de este viaje creativo!

Que tu arte siga brillando con cada nuevo boceto que des vida.

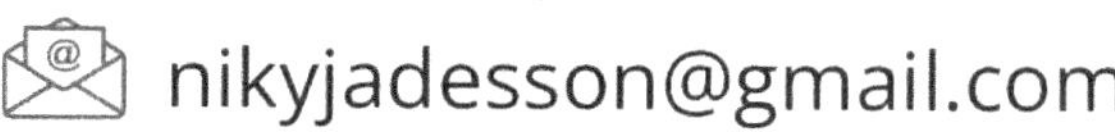

¡Gracias por Elegir Este Libro!

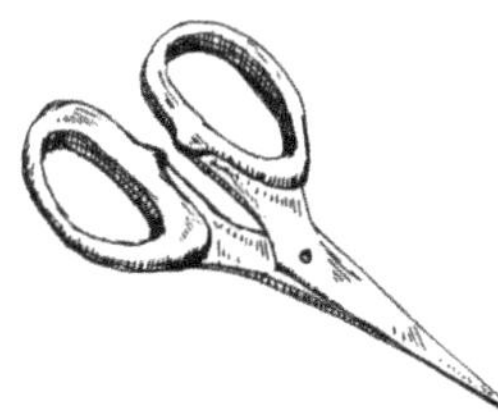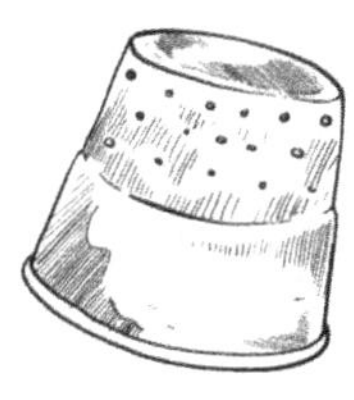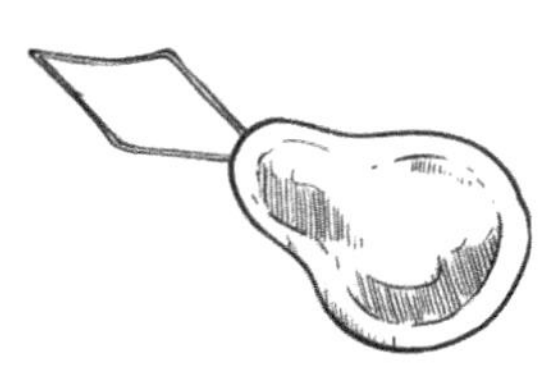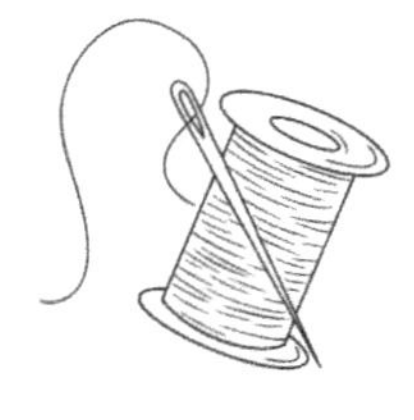

Apreciamos profundamente el tiempo, esfuerzo y pasión que has puesto en usar este cuaderno de moda. Tu creatividad nos inspira a seguir creando recursos que fomenten el crecimiento, la confianza y la autoexpresión.

Si te resultó útil, tu reseña es muy valiosa: ayuda a que más creadores lo descubran y respalda nuestra misión de compartir inspiración.

¿Quieres explorar más?
Encuentra otros diseños y variaciones buscando **Niky Jadesson Books** en línea.

Gracias nuevamente y, lo más importante:

**Sigue dibujando, sigue diseñando
y sigue creando!**

Niky Jadesson

Sobre la Autora

Niky Jadesson es una autora y diseñadora creativa apasionada por combinar la educación con la imaginación.

Con amor por el arte y la autoexpresión, crea libros que ayudan a los lectores a explorar su creatividad, desarrollar nuevas habilidades y disfrutar del proceso.

Su inspiración proviene de la alegría de aprender, la belleza de la transformación y la chispa de confianza que surge con la práctica.

Cuando no está escribiendo o diseñando nuevos proyectos, disfruta de paseos por la naturaleza, una taza de té y de imaginar nuevas formas de hacer que el aprendizaje y la creatividad sean más divertidos.

Su misión es simple: inspirar y empoderar a las personas para expresarse, una página a la vez.

Descubre más buscando: **Niky Jadesson Books**

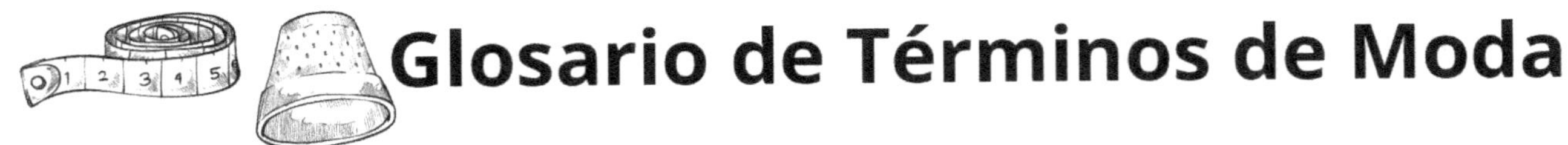

Glosario de Términos de Moda

- **Silueta -** La forma general o contorno de una prenda. Es la primera impresión que transmite un diseño.
- **Patrón -** Plantilla utilizada para cortar las piezas de tela antes de ensamblar una prenda.
- **Caída (Drapeado) -** La manera en que la tela cae y se mueve sobre el cuerpo o el maniquí.
- **Costura -** Línea de puntadas donde se unen dos piezas de tela.
- **Dobladillo (Hemline) -** Borde inferior de una prenda, terminado para evitar que se deshilache.
- **Cuerpo (Bodice) -** Parte superior de una prenda que cubre el torso.
- **Línea de Cintura (Waistline) -** Punto donde el cuerpo se une a la parte inferior, definiendo las proporciones.
- **Pliegue (Pleat) -** Dobleces intencionadas en la tela que añaden forma, volumen o detalle de diseño.
- **Fruncido (Ruching) -** Tela recogida para crear textura decorativa o dar forma.
- **Forro (Lining) -** Capa interior que aporta confort y un acabado pulido.
- **Textil -** Cualquier tejido trenzado, tejido de punto o material fabricado usado en moda.
- **Fibra (Fiber) -** Material básico del que se fabrican los tejidos (algodón, lana, seda, poliéster, etc.).
- **Couture -** Piezas exclusivas de alta costura, confeccionadas artesanalmente.
- **Prêt-à-porter (Ready-to-Wear) -** Ropa producida en tallas estándar y vendida en tiendas.
- **Guardarropa Cápsula (Capsule Wardrobe) -** Pequeña colección versátil de prendas esenciales que pueden combinarse entre sí.
- **Superposición (Layering) -** Estilo basado en combinar varias prendas para crear profundidad y flexibilidad.

Glosario de Términos de Moda

- **Paleta de Colores (Color Palette)** - Conjunto de tonos seleccionados para una colección o un conjunto.
- **Tendencia (Trend)** - Estilo, detalle o forma popular que domina la moda en un momento determinado.
- **Moodboard** - Collage visual de imágenes, colores y texturas que inspiran un diseño.
- **Pinza (Dart)** - Pliegue cosido que da forma al tejido para ajustarse al cuerpo.
- **Canesú (Yoke)** - Panel moldeado (a menudo en hombros o caderas) que sostiene el resto de la prenda.
- **Corte al Bies (Bias Cut)** - Corte diagonal en la tela que proporciona fluidez y movimiento.
- **Adorno (Trim)** - Elementos decorativos como encaje, cintas o bordados.
- **Avíos (Notions)** - Pequeños componentes como botones, cremalleras, broches o corchetes usados en la confección.
- **Moda Sostenible (Sustainable Fashion)** - Ropa diseñada con responsabilidad ambiental y ética.
- **Moda Rápida (Fast Fashion)** - Ropa producida en masa, económica y basada en tendencias actuales.
- **Alta Costura (Haute Couture)** - Máximo nivel de artesanía en moda, piezas exclusivas y hechas a medida.
- **Colección (Collection)** - Conjunto coordinado de piezas de moda presentadas por un diseñador en una temporada.

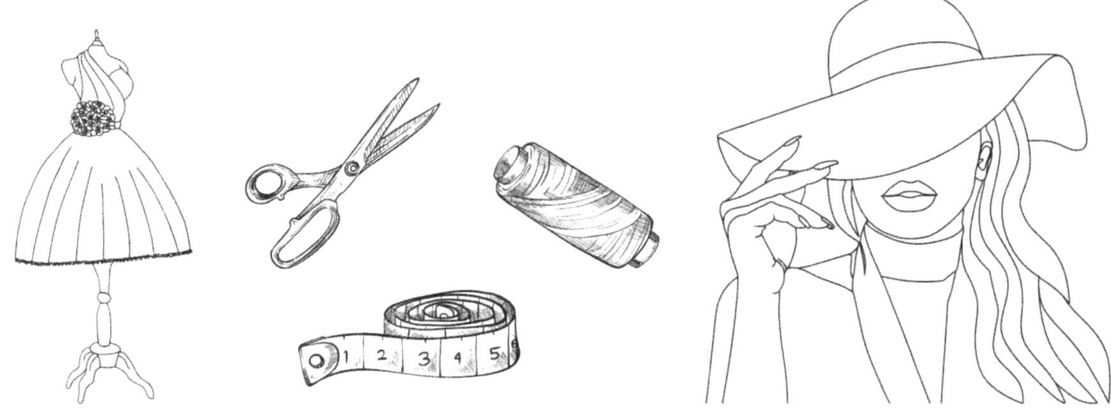